NO ERES TÚ, ES EL COSMOS

© 2021, checkinmela

Diseño de portada: Planeta Arte & Diseño
Lettering de portada: checkinmela
Ilustraciones: checkinmela
Diseño de interiores: Diana Urbano Gastélum

Derechos reservados

© 2021, Editorial Planeta Mexicana, S.A. de C.V.
Bajo el sello editorial PLANETA M.R.
Avenida Presidente Masarik núm. 111,
Piso 2, Polanco V Sección, Miguel Hidalgo
C.P. 11560, Ciudad de México
www.planetadelibros.com.mx

Primera edición en formato epub: mayo de 2021
ISBN: 978-607-07-7664-9

Primera edición impresa en México: mayo de 2021
ISBN: 978-607-07-7650-2

Impreso en los talleres de Litográfica Ingramex, S.A. de C.V.
Centeno núm. 162-1, colonia Granjas Esmeralda, Ciudad de México
Impreso y hecho en México – *Printed and made in Mexico*

CHECKINMELA

NO ERES TÚ, ES EL COSMOS

GUÍA ASTRAL PARA NAVEGAR ESTA VIDA TAN INTENSA

Planeta

NO SOY ASTRÓLOGA

SOY TU AMIGA

PARA MI MAMÁ,
MI PAPÁ Y MI HERMANO,
GRACIAS POR APOYARME
SIEMPRE. LOS AMO.

ÍNDICE

10 INTRODUCCIÓN. Lee esto primero

16 PARTE 1. Astrología 101

La carta astral.............. 18
Los planetas.................. 24
Las casas 26
Los signos..................... 33

    Aries....................... 36
    Tauro....................... 42
    Géminis.................... 48
    Cáncer..................... 54
    Leo 60
    Virgo........................ 66
    Libra........................ 72
    Escorpio.................. 78
    Sagitario................. 84
    Capricornio.............. 90
    Acuario.................... 96
    Piscis 102

108 PARTE 2. Manuales de supervivencia
para el caos de todos los días

① Manual para tener   111
un gran día

② Manual para tener   130
una gran vida social

③ Manual para manejar   140
tus relaciones

④ Manual del jangueo   160
y las fiestas

170 PARTE 3. Premios Madame Mela

192 CONCLUSIÓN

194 GLOSARIO BORICUA

212 AGRADECIMIENTOS

INTRODUCCIÓN

LEE ESTO PRIMERO

Saludos, mi amor, belleza del Olimpo. Te habla Madame Mela: la caballota astrológica, la original, la incomparable, la verdadera reina de los horóscopos después de Walter Mercado; tu conexión directa con los astros y la astróloga célebre de Cupey, Puerto Rico. Pero, sobre todo, te habla tu amiga y este libro es un tributo a la amistad.

CERTIFICADO DE ASTROLOGÍA

MADAME MELA
LA MÁS DURA

SUMA CUM LAUDE

Mela   SELLO OFICIAL

Desde 2017 publico mis horóscopos en la página de Instagram @checkinmela y, ahora, por fin bajo al plano terrenal con mi primer libro, este que tienes en tus bellas manos.

Fuente de alegría y juventud: llevo días pidiéndole a las estrellas para que esta guía llegara específicamente donde ti, pues es el amuleto de suerte máximo y supremo de todos los astros.

Te aconsejo que la abraces por las noches, la pongas debajo de tu almohada o la mires con intensidad, porque es tuya y te estará acompañando cada vez que te enfrentes a esta vida tan intensa.

Hay algunos detalles que quiero explicarte antes de que arranques tu lectura. Primero, te adelanto que no estás frente a un libro de astrología cualquiera, sino ante una colección de manuales para aprender a navegar en este mundo lleno de caos, incertidumbre, malos ratos y sorpresas. Aquí te dejo toda la sabiduría que he recopilado a lo largo de los años, viendo y estudiando cómo los signos papelonean, se enamoran y se dejan, hacen rabietas y salen a janguear con sus amistades. Toma notas, que esto te hará la vida más fácil.

Nuestro hermoso recorrido astral empieza con un curso para principiantes sobre astrología 101. Después vamos a hablar de los signos en detalle y enseguida nos vamos al mambo. Vas a encontrar una serie de manuales, truquitos y guías exclusivas, que te ayudarán a estar *ready* para lo que venga. Que el mundo se prepare para adaptarse a una versión tuya que no come cuentos y no está para aguantarle mierdas a nadie.

Para cerrar con broche de oro, necesito que busques tu gown y te vistas de gala porque después de todo esto viene el premio astrológico más importante de todo el cosmos. Por primera vez en la historia astral, se llevarán a cabo los *Premios Madame Mela*. Al final de cada signo aparecerán sus respectivas nominaciones, así que ve escribiendo un discurso, porque de aquí no saldrás con las manos vacías.

Por último, bebé de mi alma, quiero recalcar que este libro está escrito en español boricua. Las palabras que no entiendas no son un error de edición o de imprenta... es que en Puerto Rico hablamos así: algarete, en spanglish y con mucho entusiasmo. Así que, si en algún momento escuchaste una canción de Bad Bunny y te preguntaste: «¿Qué significa jangueo?, ¿qué es bellaquear?», este es tu día de suerte. Al final vas a encontrar un glosario con definiciones y ejemplos de uso de los términos boricuas que aparecen aquí. Estás frente a la Real Academia Boricua, mi amor.

REAL
ACADEMIA
BORICUA

APRENDE A
DECIR «PUÑETA»
SIN BARRERAS

Tengo los ojos aguados de la emoción. Hoy duermo tranquila sabiendo que tienes en tus manos todo el flow, la perrería y la suerte que hay aquí adentro. Prepárate, vienen cosas bien buenas para ti. Cuando termines el libro, sal a la calle y abre tus brazos para recibir el poder de los astros. Esta es tu película y aquí mandas tú.

Quiero que sepas que, aunque no te conozca en persona, eres mi pana y anhelo que triunfes en esta vida. Siempre voy a celebrar tus logros como si fueran los míos. Vamos pa' encima y recuerda que a veces estamos en el piso, pero solo estamos tomando una siestita. Le estás metiendo cabrón, bebé. Que los astros y la suerte te acompañen siempre.

Te ama, la reina, la original, la más dura, la mediadora directa de los astros...

MADAME
MELA ♥

Parte 1

ASTROLOGÍA

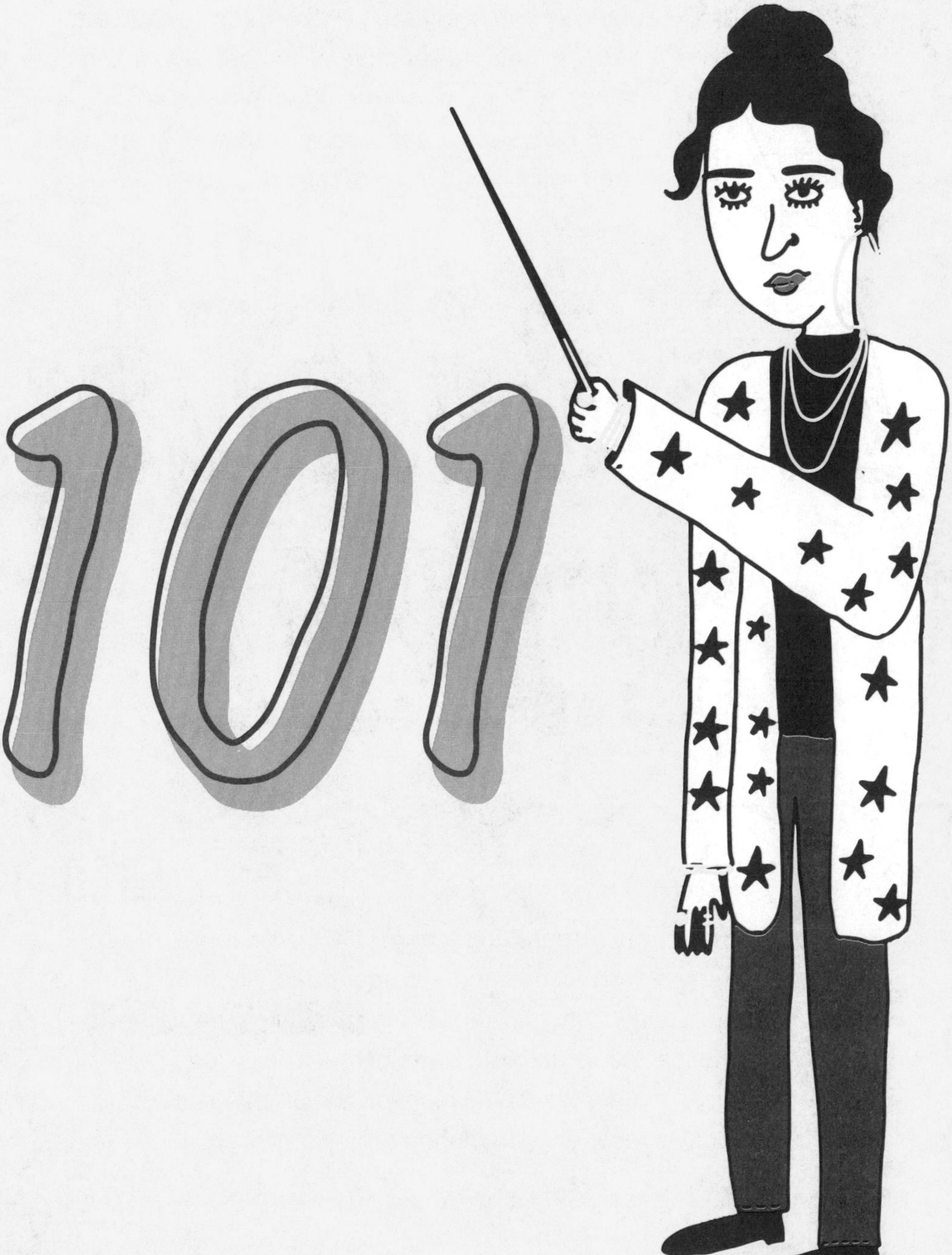
101

Mi cielo,

llevo rato viendo cómo te quedas con la mente en blanco y con la mirada perdida cada vez que tus panas y amistades empiezan a hablar intensamente de astrología, casas y planetas. Así que te voy a compartir algunas cosas que aprendí en mi internado sideral con los astros. Empecemos.

LA CARTA ASTRAL

La carta astral es como si fuera una foto del cielo en el momento en que naciste. Piensa que es una cédula de identidad que no te sirve para ningún trámite gubernamental, pero sí te ayuda a entender tu personalidad. La carta astral es superimportante para conocerte y entender tus cosas bellas, tus malas mañas y saber en qué dirección debes navegar en este mundo tan insensible.

PARA SACAR TU CARTA ASTRAL NECESITAS:

1. _____

FECHA DE NACIMIENTO

2. _____

HORA DE NACIMIENTO

3. _____

LUGAR EXACTO DE NACIMIENTO

PUEDES SACARLA GRATIS CON ESTOS DATOS EN MUCHAS PÁGINAS DE INTERNET, COMO: *ASTRO. COM* O *LOSARCANOS. COM.* ¡GUARDA ESTA INFO!

Para entender tu carta astral es megaimportante que sepas lo básico sobre los planetas, los signos y las casas.

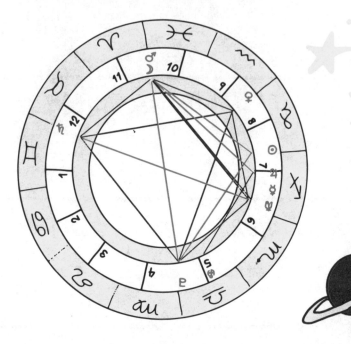

El círculo con un revolú de líneas rojas y azules, números y símbolos, es una gráfica de la carta astral y te dice:

1. La posición de los planetas.
2. La relación entre ellos.
3. Cómo te afectan a ti.

Si nuestra vida fuera una película, sería esencial entender que **los planetas** son como los personajes. Cada uno juega un papel, tiene características específicas y una energía particular. Los **signos** son la forma en que se manifiestan esos personajes y cómo bregan sus asuntos; y las **casas** son el lugar de los hechos, el set.

VEAMOS UN EJEMPLO.

Imagina que naciste el 24 de diciembre, a las cinco de la tarde, en San Juan, Puerto Rico.

¡FELICIDADES! ERES

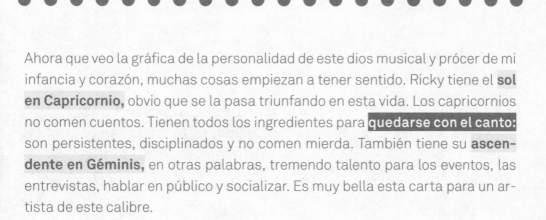

RICKY MARTIN

un ícono boricua internacional, alta realeza cultural y lo que ves a la izquierda es tu carta astral.

Ahora que veo la gráfica de la personalidad de este dios musical y prócer de mi infancia y corazón, muchas cosas empiezan a tener sentido. Ricky tiene el **sol en Capricornio,** obvio que se la pasa triunfando en esta vida. Los capricornios no comen cuentos. Tienen todos los ingredientes para quedarse con el canto: son persistentes, disciplinados y no comen mierda. También tiene su **ascendente en Géminis,** en otras palabras, tremendo talento para los eventos, las entrevistas, hablar en público y socializar. Es muy bella esta carta para un artista de este calibre.

TRES COSAS IMPORTANTES PARA ENTENDER TU CARTA ASTRAL

1. SOL

Estoy segura de que el 99.8% de la población sabe cuál es su signo solar. Este es el signo que tienes en tu bio de Instagram, en tu Tinder o el que te tatuaste en la espalda. Lo puedes sacar con tu día de nacimiento y ya.

El signo solar te dice en qué signo estaba posicionado el Sol cuando naciste. Donde sea que tengas el sol, ahí es donde más vas a brillar. **Es la capota y pintura de tu personalidad, tu identidad básica y tu ego.** Más adelante voy a hablar a fondo de cada signo, pero por ahora concentrémonos en entender los astros.

2. ASCENDENTE

El signo ascendente es el que estaba horizontalmente en el otro extremo de la salida del Sol cuando naciste; cambia de lugar casi cada dos horas. Tu signo ascendente **habla de cómo te proyectas, cómo te ves y cómo te ve la gente.** Es la primera impresión que das cuando sales a la calle.

3. LUNA

Tu carta astral también te muestra en qué signo estaba la Luna cuando naciste y te incorporaste en este mundo tan bello. **La luna es nuestro mundo interno. Lo que tenemos en la mente y las cosas que nos hacen llorar y pataletear.** Es cómo bregas con la vida, tu niñez y el lado sensible y changuito de tu personalidad.

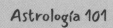

RESUMEN

SOL – Lo que te hace brillar

LUNA – Lo que necesitas

ASCENDENTE – Lo que proyectas

RECUERDA:

LOS ASTROS
NO TIENEN
LA CULPA DE
TUS DRAMAS

LOS PLANETAS

Esos símbolos raros que aparecen en tu carta representan a los planetas. Cada uno tiene una energía particular y potente. Imagínate que los planetas están jugando el juego de las sillas y se van moviendo por el espacio, rotando de signo en signo y de casa en casa. Cuando naces y le tomas una foto metafórica al cielo (o sea, tu carta astral), **donde sea que queden ubicados los planetas, ahí es donde más vas a sentir el azote y la furia de su energía.**

AQUÍ, BEBÉ, TE PRESENTO A LOS PLANETAS CON TODOS SUS PODERES ULTRAESPECIALES.

 ### MERCURIO

* Es el bloguero: experto en los medios de comunicación, domina las redes sociales y la tecnología.
* Activa todo lo que tienes en la mente.
* Te da el don de la labia.
* Cuando está retrógrado todo el mundo le echa la culpa por todo. Es una injusticia.

VENUS

* Es el más bello que hay.
* Te convierte en una máquina de seducción.
* Hace que te enamores cada cinco minutos.
* Te hace gozar de los grandes placeres de la vida.

♂ MARTE

* Te da energía para producir.
* Te convierte en líder.
* Tiene una energía bien intensa.
* Es medio salvaje; le gusta la acción y el sexo.

♃ JÚPITER

* Si está de buen humor, trae buena suerte y oportunidades.
* Puede que te ganes la lotería o te encuentres un billete en el piso.
* Representa el talento y las cosas buenas.
* Siempre te está dando lecciones.

♄ SATURNO

* Le gusta complicar las cosas para que aprendas.
* Estimula la ambición, aunque pone límites y complicaciones.
* Te pone a trabajar en lo tuyo.
* Maneja tu karma.

♅ URANO

* Es el loquito rebelde de los planetas.
* Te da libertad y una energía bien genuina.
* Trae cambios y muchos inventos.
* Te ayuda a romper las reglas.

♆ NEPTUNO

* Es el planeta místico y *darks*.
* Te pone a soñar cosas locas, a pensar en tus miedos y afinar tu intuición.
* Da esperanza y pompiaera para el futuro.
* Puede que te provoque viajes mentales fuertes y tengas conversaciones bien *deep*.

♇ PLUTÓN

* Es el ave fénix planetario.
* Tiene el poder de levantar al caído.
* Todo lo que toca, lo transforma.
* Te da mucha fuerza y poder.

LAS CASAS

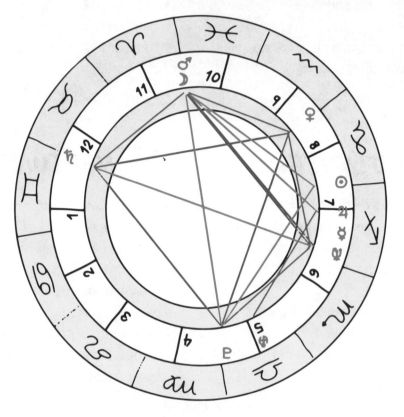

En la rueda de la carta astral encontrarás una numeración que va del 1 al 12; son las casas. La casa es el lugar de los hechos, el teatro de la obra, el *venue* del tour, el hotel de tus vacaciones. **Cada casa representa un espacio y lugar importantes en tu vida.** Los planetas se van moviendo y cambiando de casa cada cierto tiempo. Por ejemplo, si cuando naciste tenías el Sol en la casa 5, tú brillas cuando te expresas creativamente. Tienes que pasarla bien todo el tiempo o te desintegras. Si tienes a Mercurio en la casa 7, probablemente engatusas o enamoras al que sea en una conversación.

CASA 1

* Es tu base y fundamento.
* Condiciona tu infancia y la primera impresión que tuviste del mundo.
* Es el *flow* con el que sales a la calle y cómo reaccionas ante los hechos y circunstancias que se te presentan en la vida.
* Aquí vive tu instinto.

CASA 2

* Aquí se encuentra tu caja de herramientas y armas de supervivencia.
* Representa el dinero y las cosas materiales.
* Representa también cosas no tan materiales, pero con mucho valor, como autoestima, talentos, gracia y elegancia.
* Es tu banco de talentos, dinero y valor.

CASA 3

* Habla sobre tu relación con la gente cercana: tus vecinos y hermanos o hermanas.
* Aquí encontrarás las formas para comunicarte y conectar con el mundo.
* Manifiesta tu mente e inteligencia.
* Se relaciona con la tecnología y los medios de comunicación.

CASA 4

* Literalmente es tu casa, tu hogar, refugio y zona de confort.
* Es como volver al cuarto de la infancia que ocupabas en la casa de tus papás.
* Aquí está tu baúl de recuerdos y fotos de bebé.

CASA 5

* Es el lugar del placer y las paveras.
* Aquí está tu creatividad, proyectos, bellaqueo, sexo y todo lo que te da placer.
* Representa la niñez, el asumir riesgos y los romances.
* Aquí es donde vienes a pasarla cabrón y a disfrutar de las facilidades de la vida.

CASA 6

* Es tu gimnasio y tu oficina.
* Representa salud, rutinas, ejercicios, trabajo diario y responsabilidades.
* Aquí está todo lo que te provoca estrés y acapara tu tiempo.
* Es importante para mantener tu cuerpo al día, soltar los vicios y asumir responsabilidades.

CASA 7

* Es la responsable de todas tus relaciones.
* Es como un hotel con tus exparejas y cualquier persona con la que tengas o hayas tenido un compromiso, ya sea romántico o de trabajo.
* Habla de cómo te relacionas con los demás.
* No todo el mundo puede entrar a este espacio. Aquí evalúas a quiénes quieres cerca y en quién confías lo suficiente para firmar un contrato o compromiso.

CASA 8

* Es un poco *darks* y misteriosa.
* Representa tus miedos y tus límites.
* Es el lugar de la transformación y la muerte, lo cual incluye las muertes metafóricas y los orgasmos.
* Aquí está tu salud mental, tu sexualidad y el dinero de otra gente: los taxes, deudas o préstamos.

CASA 9

* Esta es tu universidad.
* Incluye viajes, filosofía y religión.
* Representa lo extranjero y el conocimiento.
* Te abre a nuevas realidades y te saca de la burbuja de tu entorno.

CASA 10

* Habla de tu carrera y tu ambición profesional.
* Es donde está el trabajo de tus sueños.
* Aquí está tu reputación, cómo te ven los demás, la fama y cuántos fans o *haters* tienes.
* Te dice qué necesitas para lograr el éxito en tu trabajo y tu vida profesional.

CASA 11

* Representa la amistad.
* Aquí están tus panas y los jangueos o actividades sociales.
* Es donde se desarrollan tus metas a largo plazo y tu relación con las redes sociales.
* Aquí se celebran todos los logros de tu carrera y en esa fiesta participa toda la gente que te quiere y admira.

CASA 12

* Representa tu subconsciente y tus secretos.
* Aquí viven tus sueños o pesadillas más intensas.
* Esconde tu mundo interior y las profundidades de tu mente.
* Aquí te conectas con la astrología, los fantasmas, la clarividencia y esos temas fascinantes de brujas o magos como tú.

Si te estás preguntando:

«Ok, ¿y qué hago yo con todo esto?»,

pues, mi amor, lo sumas todo, lo traduces con la información que te acabo de dar y lo reinterpretas.

ESTA ES LA ECUACIÓN ASTROLÓGICA:

Planeta (Qué) + Signo (Cómo) + Casa (Dónde)

Para seguir con el ejemplo que mencioné antes:

Mi amigo Ricky Martin

tiene su **Luna** (¿qué?, las emociones y su mundo interior)

en **Piscis** (¿cómo?, con misticismo; usa mucho la imaginación y es muy sentimental),

en su **casa 10** (¿dónde?, en la casa de la carrera y la reputación).

Si sumamos todos los elementos anteriores, **¿qué resultado obtendremos?** = Una carrera basada en las mejores baladas del mundo, grandes canciones de karaoke para llorar y un verdadero orgullo boricua.

Con la carta astral vas a poder entenderte y entender mejor a quienes te rodean. **Es el principal manual de supervivencia,** ya que te permite visualizar cómo estás configurada o configurado para enfrentar el mundo. Hay otro montón de cosas que tienes que seguir investigando, como los aspectos, los nodos, quirón, etcétera, etcétera. **Este capítulo es igual que aprender francés en un fin de semana: no vas a poder conversar en la primera clase, pero sabrás decir tu nombre y saludar.**

WOW
¡MADAME
MELA!

ADIVINA
MI SIGNO.

...OK

¡ARIES!

NO...

QUÉ
DECEPCIONANTE.

LOS SIGNOS

AHORA PASEMOS AL TEMA MÁS ESPERADO,
LOS VERDADEROS MVPS DE LA CARTA ASTRAL.
TE PRESENTO EL MARAVILLOSO MUNDO DE LOS

SIGNOS ZODIACALES.

PONTE CÓMODO, MI AMOR, QUE A CADA SIGNO LE TOCA
ENFRENTARSE CON SUS COSITAS BUENAS Y CON LAS
MALAS MAÑAS QUE LE TOCAN TRABAJAR.

También vas a encontrar todo lo que tu signo necesita para tener suerte en esta vida y las categorías a las que está nominado en los premios Madame Mela. Puedes leer tu ascendente, tu sol y, en verdad, el signo que quieras. Es más, léelos todos. Mi pana, ahora es que viene lo bueno.

LOS SIGNOS SE DIVIDEN EN CUATRO ELEMENTOS:

Los de fuego
son intensos,
se aburren
rápido, son
impulsivos.

Los de tierra
son más
tranquilitos,
estables y
prácticos.

Los de aire
son sociables,
tienen muchos
pensamientos y la
cabeza llena de ideas.

Los de agua
son sensibles,
muy emocionales
e intuitivos.

ESCOGE TU SIGNO

Busca tu signo solar, tu ascendente o el signo de
tu crush y pasa a la página que le corresponda.

ARIES pág. 36
21 de marzo – 19 de abril

LIBRA pág. 72
23 de septiembre – 22 de octubre

TAURO pág. 42
20 de abril – 20 de mayo

ESCORPIO pág. 78
23 de octubre – 21 de noviembre

GÉMINIS pág. 48
21 de mayo – 20 de junio

SAGITARIO pág. 84
22 de noviembre – 21 de diciembre

CÁNCER pág. 54
21 de junio – 22 de julio

CAPRICORNIO pág. 90
22 de diciembre – 19 de enero

LEO pág. 60
23 de julio – 22 de agosto

ACUARIO pág. 96
20 de enero – 18 de febrero

VIRGO pág. 66
23 de agosto – 22 de septiembre

PISCIS pág. 102
19 de febrero – 20 de marzo

ARIES

21 de marzo – 19 de abril

♈

Mi bebecito, bebecita, del zodiaco. No he conocido todavía a un aries que no esté matando la liga. La gente de este signo tiene un fuego interno bien fuerte y muchas ganas de conseguir todo lo que quiere. Siempre estás diez pasos más adelante que los demás. Mi santo, mi santa, tú estás hecho de ganas de triunfar.

* **ELEMENTO:**
* **CUALIDAD:** CARDINAL
* **ASTRO REGENTE:** MARTE

ANATOMÍA DE ARIES

Los clichés básicos de tu signo son:

Gran talento * para la seducción

* Te encanta hacer rabietas

No tienes * paciencia

* Eres como el demonio de Tasmania, pero más adorable

No te comes * la mierda

SUERTE EXPRÉS

AMULETO: *UNA PIEZA DE ROMPECABEZAS*

NÚMEROS DE LA SUERTE: *22, 13, 9, 18, 4*

EVITA: *DEJAR A LA GENTE EN «VISTO»*

FONDO DE PANTALLA: *UN GATO ARISCO*

RETO: *TRATA DE DECIR LAS COSAS SUAVECITO*

CONSEJO: *NO CALIENTES LA COMIDA SI NO TE LA VAS A COMER*

APLAUSOS

VIDA MÍA, ARIES DE MI CORAZÓN, ME QUITO EL SOMBRERO ANTE TI y te aplaudo con lágrimas en los ojos. Nunca he visto a alguien tan fogoso y con tantas ganas de triunfar como tú. Es impresionante.

✳ Tienes una energía bien intensa y cuando la canalizas en hacer lo que te apasiona, te transformas en una máquina de guerra, le metes cabrón a lo que haces y no tienes frenos.

✳ Tú no viniste a este mundo a jugar, viniste a ganar. Eres líder y nada te frena.

✳ El caos te acecha pero tú siempre lo esquivas. De verdad, la virtud sobra.

✳ Te recompones de cualquier cantazo de la vida a las millas porque no te dejas joder por nadie.

✳ El poder de seducción que te ampara es muy fuerte y cuando va a ti, te vuelve invencible. Eres una deidad del bellaqueo y la satería.

✳ Contigo no hay paños tibios: lo que ves es lo que hay, sin fantasmeo ni complicaciones.

Ariano y ariana que me lees, sigue viviendo con esa intensidad que te caracteriza. El mundo es tuyo.

MALAS MAÑAS

TODO LO BUENO TIENE UN LADO DARKS. Aquí te paso mis recomendaciones de cosas que deberías soltar para balancear tu signo y no ser un papelón.

✳ Escoge bien tus batallas y no te alteres por lo más mínimo.

✳ Si estás en grupo, no hagas perretas y explotes como petardo en Año Nuevo frente a todo el mundo, para después sorprenderte cuando el jangueo se ponga raro y awkward.

✳ Deja de insultar a medio mundo cuando vas manejando tu carro.

✳ Evita el uso excesivo del silent treatment cuando te enchismas; es infantil y no ayuda a mejorar la situación.

✳ Si la discusión no es personal, no la lleves a lo personal.

✳ No puedes empezar veinte proyectos a la vez y hacer cosas solo para probar que puedes hacerlas.

✳ Deja de autogestionar el caos y el conflicto en tu vida.

✳ Trata de decir las cosas con más tacto; sin querer, tus verdades a veces le bajan la autoestima a los demás.

SALÓN DE LA FAMA

Selena Quintanilla
(@selenaqofficial)
La dueña del bidi bidi bom bom. Como toda ariana cantaba sobre los Amores Prohibidos: nadie le dice a un Aries a quién querer. Te extrañamos.

Marisé Tata Álvarez
(@marisealvarez)
Mi beba: actriz y comediante puertorriqueña. Una de las personas más divertidas que conozco. La puedes ver luchando por la libertad de Miguel Ángel Silvestre en la serie: *En el corredor de la muerte*.

Edgar Ramírez
(@edgarramirez25)
Talentosísimo y hermoso actor y amigo venezolano. Lo puedes ver en acción, resolviendo o... ¿cometiendo el crimen? en la serie de HBO, *The Undoing*.

Paquita la del Barrio
(@paquitaoficialb)
Cantautora mexicana responsable del hit de despecho más ariano en la historia: «Rata de dos patas».

Ismael Cruz Córdova
(@ismaelcruzcordova)
Un amigo y grandísimo actor puertorriqueño. Si el crimen no lo hizo Édgar en la serie *The Undoing*, quizá fue él... no te voy a decir, la tienes que ver.

NOMINACIONES

Signo que pelea hasta solo

Signo que va sin frenos

Signo que le tira labia a medio mundo

NO TE TOMES EL INTERNET TAN
A PECHO.

TAURO

20 de abril – 20 de mayo

Torito salvaje, domador de la tierra.
Comentan algunas fuentes no confiables
que tú lo único que haces es comer y estar
tomando siestitas en el sofá. Es hora de
que se te haga justicia: tú eres más que
eso. Eres cría directa del planeta Venus
y te mueves por el placer. Toro de mi alma,
ahora es que es.

* ELEMENTO: 🌹
* CUALIDAD: *FIJO*
* ASTRO REGENTE: *VENUS*

ANATOMÍA DE TAURO

Los clichés básicos de tu signo son:

No te gusta  que te cambien los planes a última hora

Te gusta demasiado la comodidad

Cuando dices no es no

Eres la terquedad máxima

Eres medio maniático o maniática

SUERTE EXPRÉS

AMULETO: **MEDIAS CORTAS**

NÚMEROS DE LA SUERTE: **15, 23, 18, 5, 10**

EVITA: **LOS CHATS GRUPALES**

FONDO DE PANTALLA: **TU MEME FAVORITO**

RETO: **PÍDELE PERDÓN A ALGUIEN DEL PASADO**

CONSEJO: **NO CONFUNDAS LA CALMA CON LA VAGANCIA**

APLAUSOS

TORITO DE MI ALMA, ENDEREZA ESA ESPALDA Y LEE ESTO BIEN: no hay nadie en el zodiaco con tu piquete y tu *flow*. Es hora de que te la creas y empieces a vivir tu película con la frente en alto.

✳ Tú pisas duro, no hay torero que pueda con tu empuje cuando te pones las pilas.

✳ Aunque tengas cara de corderito, a mí no me engañas; yo sé que por dentro tienes un toro galopante y firme.

✳ Eres catador y catadora natural de los grandes placeres de esta vida. Buscas y encuentras siempre la mejor calidad, al mejor precio, porque inviertes con inteligencia.

✳ Contigo todo es elegancia y compostura. Haces las cosas bien aunque te tome una vida hacerlo; tú vives con calma y disfrutando de las facilidades.

✳ No comes cuentos ni aceptas la mierda cuando hay que tomar acción.

✳ Sabes bien de lo que estás hecho y, además, tienes una gran capacidad de reconocer el talento y el valor cuando los ves.

Amor mío, te daría un abrazo ahora mismo por existir.

MALAS MAÑAS

TODO LO BUENO TIENE UN LADO DARKS. Aquí te paso mis recomendaciones de cosas que deberías soltar para balancear tu signo y no ser un papelón.

✳ Evita llevar las cosas con tanta calma que dejes pasar una oportunidad o el momentum.

✳ No sigas empujando una idea; si ya te dijeron que no, déjalo ir.

✳ Si ya te llenaste, para de comer.

✳ No te endeudes para comprar cosas que no necesitas.

✳ Evita decir disparates y ofenderte cuando alguien que sabe más del tema te corrige.

✳ Deja la quejaera: te encanta escribir malos reviews y quejarte por cualquier bobería.

✳ Aprende a compartir tus cosas; tu nivel de tensión cuando te enteras de que alguien tocó o usó algo sin tu permiso es muy fuerte.

✳ Necesitas empezar a soltar; todos los rencores que cargas te pesan.

SALÓN DE LA FAMA

Laura Pausini
(@laurapausini)
Gran cantante italiana que no se puede dividir entre tú y mil mares; le encantan los amores problemáticos. Tiene un vozarrón incomparable.

J Balvin
(@jbalvin)
Tú sabes quién es: una máquina de éxitos directo desde Medellín, Colombia.

iLe
(@cabralu)
Cantautora boricua. Antes era PG-13 y cantaba en Calle 13, la banda de sus hermanos; ahora es una solista de tres pares quedándose con el canto.

Mon Laferte
(@monlaferte)
Cantautora chilena. Necesita saber cuándo fue que la dejaste de amar. Tiene una voz bien bella.

La reina Isabel II
(@theroyalfamily)
No hay nada más tauro que alguien de la realeza. Lujos, comodidades y placeres con el mínimo esfuerzo. El sueño de todo toro.

NOMINACIONES

Signo que siempre tiene la razón

Reyes y reinas de la siesta

Signo que siempre tiene la casa limpia

GÉMINIS

21 de mayo – 20 de junio

Geminiano y geminiana de mi alma: a ti yo te tengo un cariño especial. No importa lo que digan de tu signo: tú eres el alma de la fiesta, la monarquía de la discordia y la mente más brillante del zodiaco. Acá entre nos, los de tu signo tienen mala reputación porque muchos corazones han sido rotos sin piedad por personas de tu especie. Está en ti transformar esta fama para bien y mostrar el ser adorable que eres.

* ELEMENTO:
* CUALIDAD: MUTABLE
* ASTRO REGENTE: MERCURIO

ANATOMÍA DE GÉMINIS

Los clichés básicos de tu signo son:

Te encanta ✳ el chisme

✳ Tremendos bellacos y bellacas

Tienes ✳ veintitrés pajas mentales al día

✳ No paras de hablar

✳ A veces te hablan y estás pensando en otra cosa

SUERTE EXPRÉS

AMULETO: *UN ESPEJO*

NÚMEROS DE LA SUERTE: *9, 27, 11, 7, 8*

EVITA: *TU LADO DARKS*

FONDO DE PANTALLA: *UN COLLAGE DE FOTOS TUYAS*

RETO: *ANTES DE CAMBIAR DE OPINIÓN CUENTA HASTA VEINTE*

CONSEJO: *NO INTERRUMPAS A LA GENTE CUANDO ESTÁ HABLANDO*

APLAUSOS

GÉMINIS DE MI CORAZÓN, SER DE INTELIGENCIA REAL, te tiran la mala en el zodiaco y te hacen creer que eres un ser maquiavélico, pero yo sé que, además de ese lado B, tienes un encanto envidiable.

✳ **Eres un ser iluminado del más allá.**

✳ **Tu mente va a mil millas por hora y es digna de un estudio científico. No tiene fondo ni límites para el chisme, la información y el conocimiento.**

✳ **Si te da la gana, puedes aprender física cuántica en un fin de semana, porque investigas con obsesión cualquier tema que te interesa. Tienes veinte doctorados simbólicos extraoficiales.**

✳ **Gozas de una labia sobrenatural. Contigo no existe un segundo de aburrimiento ni silencios incómodos; si te dejan solo o sola, le buscas conversación hasta a la pared.**

✳ **Eres el alma de la fiesta y tienes la capacidad de engatusar a quien sea.**

Mi prestigioso amor: tienes una invitación VIP a todas las reuniones siderales que yo haga. Así de grande es el amor que te tengo.

MALAS MAÑAS

TODO LO BUENO TIENE UN LADO DARKS. Aquí te paso mis recomendaciones de cosas que deberías soltar para balancear tu signo y no ser un papelón.

* Deja de decir cosas controversiales solo por joder.

* Ten cuidado con los vicios y el exceso cuando te vas en la mala.

* Cariño, para de regar chismes y secretos ajenos como si nada.

* No pidas consejos sabiendo que vas a hacer lo que te dé la gana.

* Olvídate del miedo a la terapia.

* Cálmate, concéntrate en el presente. Siempre quieres estar en dos sitios a la vez.

* Usa tus talentos de investigación para bien, no te dediques a estalkear a la gente en internet.

* Cuidado: nada de usar tu labia como técnica de manipulación.

SALÓN DE LA FAMA

Rafa Pabón
(@rafapabonmusic)
Mi cantante favorito y el hermano de mi socia, Mela Pabón. Domador de ritmos, siempre «Ta to' gucci» y le mete «a güiro pelao».

Powerpaola
(@powerpaola)
Ilustradora colombo-ecuatoriana y gran inspiración. Tiene un libro buenísimo titulado *Virus tropical*, el cual fue llevado al cine.

Rita Indiana
(@ritaindianalamontra)
Esta ídola canta, escribe y hace de to'. Es una tremenda caballota dominicana.

Juan Luis Guerra
(@juanluisguerra)
Cantautor dominicano con afinación 4.40; autor de grandes clásicos del merengue y la bachata.

Prince
(@prince)
Ícono del *flow*, la vestimenta y el performance. Sus agudos llegaban hasta la luna; tiene grandes éxitos para el karaoke.

NOMINACIONES

Signo más propenso a regar chismes

Signo que no tiene dudas

Signo que siempre tiene la pata alzá

NENA,
ME CONTARON
UN CHISME
BIEN FUERTE.

¡DIME!

NO
PUEDES
DECIR
NADA,
PERO...

ESO TE LO
CONTÉ YO...

AH, DIABLO

CÁNCER

21 de junio – 22 de julio

Amor mío, cáncer silvestre, dichosos quienes te tengan cerca. Tú eres una bola de amor y cariño. Te encanta cuidar a los demás y asegurarte de que a nadie le falte nada. Si es así, te perdono todas las changuerías y dramas del mundo. A ti hay que tenerte en el equipo para que no falte el amor cuando la cosa se ponga jevi. Gracias por cuidarnos.

* ELEMENTO: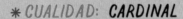
* CUALIDAD: **CARDINAL**
* ASTRO REGENTE: **LUNA**

ANATOMÍA DE CÁNCER

Los clichés básicos de tu signo son:

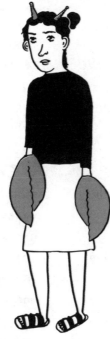

Resuelves tus problemas llorando

No te gusta la confrontación

Rey o reina del drama

Abrazas un montón

Tratas a todo el mundo como si fueran bebés

SUERTE EXPRÉS

AMULETO: *UNA MONEDA EXTRANJERA*

NÚMEROS DE LA SUERTE: *LOS NÚMEROS PRIMOS*

EVITA: *ENAMORARTE DE LA PRIMERA PERSONA QUE TE PRESTE ATENCIÓN*

FONDO DE PANTALLA: *UN DIBUJO TUYO*

RETO: *ABRAZA A UNA PERSONA QUE NO CONOZCAS*

CONSEJO: *NO SAQUES A LA GENTE DE TU VIDA PARA DESPUÉS ENCHISMARTE PORQUE NO TE PERSIGUEN*

APLAUSOS

CÁNCER, AMOR MÍO. ¡QUÉ SER TAN ADORABLE! Eres una bola de amor, comprensión y ternura, capaz de cuidar hasta a tus peores enemigos. Me dan ganas de llorar y todo.

✴ Tienes un radar único para saber qué necesitan los demás sin que te lo pidan.

✴ Crías y domesticas lo que se te pare enfrente.

✴ Aunque lloras cuando ves algo bello y te conmueves con lo más mínimo, eres muy fuerte.

✴ El caos y la inestabilidad te debilitan lentamente; por eso haces lo necesario para tener tus cosas al día y no pedirle nada a nadie.

✴ Eres gran maestro o maestra para crear altas expectativas y manifestar el mejor escenario posible.

✴ Cuando tú amas, se nota, porque haces que al ser amado no le falte nada en esta vida.

Cierra los ojos, vida mía, y visualiza a la persona más bella de este mundo. ¿Sabes a quién yo vi? A ti, bebé. Eres una persona increíble; media changuita y obsesiva, pero bella.

MALAS MAÑAS

TODO LO BUENO TIENE UN LADO DARKS. Aquí te paso mis recomendaciones de cosas que deberías soltar para balancear tu signo y no ser un papelón.

* No digas que no te vas a ofender para después ofenderte.

* A veces tienes que recordar que el mundo no gira a tu alrededor: no todo es un ataque en tu contra.

* Si haces algo bueno por alguien, no se lo saques en cara después.

* Cuidado con pensar que la vida es una comedia romántica o una novela turca.

* Si puedes tener el bollo de pan, no te conformes con migajas.

* Ojo con querer salvar a la humanidad y terminar echándote al cuerpo los problemas y traumas de todo el mundo.

* Evita dar demasiado sin que te lo pidan y tener expectativas de recibir lo mismo de vuelta con la misma intensidad.

* Deja de textearle a espectros del pasado cuando bebes de más o te voy a tener que bloquear el celular después de la media noche.

SALÓN DE LA FAMA

Chayanne
(@Chayanne)

Cantante boricua que revolucionó la vida de todas las madres del mundo. Es el rey de la «Fiesta en América» y el pirata de mi corazón.

Meryl Streep

Majestuosa actriz, cuyo nivel de talento hace que podamos sentir ese dolor ajeno que solo una cáncer puede dominar.

Carla Morrison
(@Carlamorrison)

Gran cantante mexicana que interpreta el himno canceriano «Déjenme llorar».

Fofé Abreu
(@fofe_fofe)

Uno de los padres del rock boricua, es cantante y compositor de las bandas Circo, Fofé y los Fetiches, y El Manjar de los Dioses. Solo él tiene el filo que rompe mi cascarón.

Kali Uchis
(@kaliuchis)

Cantante colombiana que está matando la liga y que te hace el amor por telepatía.

NOMINACIONES

Signo más
llorón

Signo que
le textea a sus ex
cuando bebe
de más

Mejor actuación
dramática

LEO

23 de julio – 22 de agosto

León de la jungla, tú eres una celebridad en mi corazón. Eres un signo fuerte, lleno de energía, creatividad y tienes el fuego suficiente para quedarte con el canto. Enfréntate al mundo y cómetelo. No te la dejes montar por nadie, que esta selva es tuya.

* ELEMENTO:
* CUALIDAD: FIJO
* ASTRO REGENTE: SOL

ANATOMÍA DE LEO

Los clichés básicos de tu signo son:

Eres la celebridad
del zodiaco ✳

✳ Sientes atracción
sexual por mucha
gente

Te sale la ✳
creatividad
por los poros

✳ Tiendes al
narcisismo

✳ Necesitas una
alfombra roja

SUERTE EXPRÉS

AMULETO: **UN MICRÓFONO**
NÚMEROS DE LA SUERTE: **11, 7, 27, 49, 500**
EVITA: **LA SALSA PICANTE**
FONDO DE PANTALLA: **UNA FOTO DE TU ÍDOLO O ÍDOLA**
RETO: **CUENTA HASTA DIEZ ANTES DE DAR UN
CONSEJO NO SOLICITADO**
CONSEJO: **DEJA DE MIRARTE CUANDO HABLAS POR ZOOM**

APLAUSOS

HIJO E HIJA DEL SOL, MONARQUÍA DE LA SELVA,
cuenta la leyenda que cuando naciste, desde los astros bajó un foco de luz que te acompaña e ilumina tu vida. Hasta en las penumbras, brillas.

✳ Necesitas libertad como un pez necesita agua.

✳ Te gusta el reto y cuando te subestiman, eso solo te llena de energía para el triunfo.

✳ Cuando tienes el foco de atención, lo aprovechas y sacas a pasear tus grandes virtudes.

✳ Tienes una habilidad cabrona para decir que sabes hacer algo, aunque no tengas ni idea. Muestras gran seguridad aunque estés temblando por dentro.

✳ Tú no tienes panas ni amistades, tienes fans. Eres capaz de llegar solo o sola a un sitio y salir acompañado por diez personas.

✳ Cada vez que te aplauden o te hacen buenas críticas, se ensancha tu pecho de orgullo. Nunca dejes el show, porque estar en el escenario es lo tuyo.

Cariño, aquí tienes una fan más. Ya te puse la corona en el Miss Universe de mi corazón, Miss Amores.

MALAS MAÑAS

TODO LO BUENO TIENE UN LADO DARKS. Aquí te paso mis recomendaciones de cosas que deberías soltar para balancear tu signo y no ser un papelón.

* Cuando la gente te hable, mírala a los ojos, no a tu celular.

* Nunca digas: «No me importa lo que los demás piensen de mí», como si fuera cierto; sabemos que te importa un montón.

* Cuidado con volver con algún ex solo para arreglar tu reputación en su mente.

* Si halagas a alguien, no lo hagas para que te halaguen después a ti.

* Si alguien está contando una historia, no le interrumpas para contar tu anécdota.

* Trata de aceptar cuando las cosas no te salen como quieres, en vez de hacer un show merecedor de un Oscar.

* Habla con la gente sin tratar de seducirles. Eres muy fogoso o fogosa, pero para tu propio bien.

* Sal de tu zona de confort: el estrés.

SALÓN DE LA FAMA

Madonna
(@madonna)
Nada más y nada menos que Madonna. Esto no se puede poner más Leo. La verdadera reina de la música pop que rompe tarimas con su energía y presencia.

Isabel Pantoja
(@isabel_pantoja_martin)
Lo que bota por los poros de esta mujer es energía Leo. Gran cantante; una voz sin precedentes. Sé como Isabel: no te aferres.

Gustavo Cerati
(@cerati)
Una leyenda en la música. Nadie va a poder ocupar el lugar que dejó. Gracias por venir.

Andrés Calamaro
(@a_calamaro)
Otro ícono del rock argentino. Como buen Leo, tiene un cohete en el pantalón.

Virgilio Piñera
Escritor, poeta, dramaturgo, ensayista y narrador cubano. Léete alguito de él y después me cuentas.

NOMINACIONES

Signo que más se mira en el espejo

Mejor performance artístico

Signo que le tira labia a medio mundo

WOW,
TÚ ERES
BIEN
FOTOGÉNICA.

OH, BASTA...

YO NO SOY
FOTOGÉNICA...

YO SOY BELLA.

VIRGO

23 de agosto – 22 de septiembre

Mi amor virgo, dueño y dueña del orden. Gracias a ti el mundo funciona un poco mejor. Tú te niegas rotundamente a participar en algo mediocre y tienes la madera para hacer cosas grandes. Le metes hasta que quede todo perfecto y no te conformas con porquerías. Te quiero, mi amor.

✳ *ELEMENTO:*
✳ *CUALIDAD:* **MUTABLE**
✳ *ASTRO REGENTE:* **MERCURIO**

ANATOMÍA DE VIRGO

Los clichés básicos de tu signo son:

Te la pasas  limpiando todo

Necesitas perfección en tu vida

Sobreanalizas 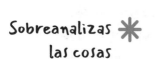 las cosas

Quieres controlar el mundo

Crees en la calidad sobre la cantidad

SUERTE EXPRÉS

AMULETO: MIEL

NÚMEROS DE LA SUERTE: 89, 28, 10, 9, 43

EVITA: TRATAR DE CAMBIAR A LA GENTE

FONDO DE PANTALLA: UNA PERSONA MIRANDO AL HORIZONTE

RETO: EVITA DECIR «TE LO DIJE» POR UN MES

CONSEJO: NO DIGAS «SÍ», SI NO QUIERES

APLAUSOS

VIRGO DE MI ALMA, SER INMACULADO DE LA PERFECCIÓN. Jamás titubeas en decir las cosas como son. Cada que necesito una opinión honesta y crítica, te llamo para que hagas un análisis a fondo.

✳ En tu reino no existe la chapucería y te niegas a ser cómplice de la mediocridad.

✳ Sabes identificar lo que necesita trabajo. Eres claro y no dejas pasar una.

✳ Nunca vas a decir algo solo por cumplir o por quedar bien con la gente.

✳ Te mueve un impulso por salvar a la humanidad de su estupidez. Le levantas un espejo a las personas que quieres, para que se enfrenten con sus verdades y lo que proyectan al mundo.

✳ Eres domador y domadora de la estrategia, la organización y la productividad. Cuando todo se está yendo a la mierda, tú armas un plan de contingencia como si nada.

Mi amor, cuando se acabe el mundo, te quiero a mi lado. Tienes la materia prima para lograr lo que te dé la gana.

MALAS MAÑAS

TODO LO BUENO TIENE UN LADO DARKS. Aquí te paso mis recomendaciones de cosas que deberías soltar para balancear tu signo y no ser un papelón.

✳ Trata de no ser cruel por aburrimiento.

✳ Evita contestar todo en un email de tres páginas o 17 mensajes de texto corridos.

✳ No seas tan welebish ni le cantes las verdades a tus panas frente a otra gente.

✳ Bájale a la hipocondría y cuidado con Dr. Google.

✳ Es hora de que aceptes que la mayoría de tus enemigos son imaginarios.

✳ Te obsesionas tanto por triunfar y por conseguir la perfección, que pierdes la perspectiva y no te conformas con nada en el medio.

✳ A veces juzgas de más y das consejos algarete sin tener ni idea de lo que estás hablando. Mejor espera a que alguien te pida tu opinión.

✳ No quieras controlar el mundo sin entenderlo bien.

SALÓN DE LA FAMA

Brray
(@brray)
Amigo y cantante de música urbana. Mándale saludos si lo ves por ahí arrebatao' dando vueltas en la jeepeta.

Lido Pimienta
(@lidopimienta)
Cantautora colombiana radicada en Canadá. Esta mujer tiene una voz demasiado increíble. Estoy obsesionada con su música y su álbum *Miss Colombia*.

Beyoncé
(@beyonce)
Mami Beyoncé. ¿Qué más te puedo decir?

Riccie Oriach
(@riccieoriach)
Compositor dominicano, que viene por ahí dando cátedra. Fue nominado a un Latin Grammy por su álbum *Mi derriengue*.

Mima
(@mimagrama)
Cantante y compositora boricua. Una de las mejores voces que tiene Puerto Rico y lo digo sin fantasmeo. Busca su álbum *El Pozo*.

NOMINACIONES

Signo que siempre tiene la casa limpia

Signo que pelea hasta solo

Signo más propenso a sobrevivir al fin del mundo

FLAMINGO
POSE

LIBRA

23 de septiembre – 22 de octubre

Hermosura librana, ser bello del más
allá: tú eres el balance encarnado. No
serás el mejor signo tomando decisiones
complicadas, pero al menos seduces
a quien sea que se cruce en tu camino.
El idealismo es lo tuyo y todo lo que haces
es igual de bello que tú.

* ELEMENTO:
* CUALIDAD: CARDINAL
* ASTRO REGENTE: VENUS

ANATOMÍA DE LIBRA

Los clichés básicos de tu signo son:

Eres líder de la calma y el equilibrio ✳

✳ Nunca sabes qué quieres comer

Sales de una relación para meterte en otra ✳

✳ Quieres gustar y caerle bien a todo el mundo

Eres sensual ✳ y elegante

SUERTE EXPRÉS

AMULETO: *UNA LIBRETA PEQUEÑA*

NÚMEROS DE LA SUERTE: *8, 27, 19, 23, 0*

EVITA: *EL MIEDO AL FRACASO*

FONDO DE PANTALLA: *UNA FOTO DE SPIDERMAN*

RETO: *DI SÍ A TODO POR UNA SEMANA*

CONSEJO: *NO TRATES DE SEDUCIR A TODO EL MUNDO*

APLAUSOS

LIBRITA DE MI CORAZÓN, me atrevo a decir que eres lo más lindo que tiene el zodiaco. Eres capaz de ver belleza hasta en los rincones más feos y esa belleza que ves, se manifiesta en ti.

✳ Te mueves por el mundo consciente de tu magnetismo y buscas el placer en todo lo que haces.

✳ Te da vida estar a la intemperie, sin saber qué va a pasar. Estudias las dos caras de la moneda y sobreanalizas cada decisión porque reconoces la fuerza que llevas dentro.

✳ Una vez que decides lo que quieres, lo das todo.

✳ Mi alma, puedes estar entre las llamas del desastre sin que se te note.

✳ Sabes trabajar tus relaciones y amistades. Te es esencial saber que tienes compañía, que tu gente te respalda y que no te falta amor.

✳ Cuando estás en equilibrio manifiestas toda la tranquilidad y la calma para enfrentar los asuntos más complicados. Sabes manejar cualquier cosa que la vida te zumbe y más.

Bebé, desde lo más alto del cosmos, te veo y me enorgullezco de la hermosura que eres.

MALAS MAÑAS

TODO LO BUENO TIENE UN LADO DARKS. Aquí te paso mis recomendaciones de cosas que deberías soltar para balancear tu signo y no ser un papelón.

✳ No siempre vas a saber cuál es la mejor decisión, así que cálmate, no le des tanto peso a la opción que dejaste ir.

✳ No estés con alguien nomás por no estar solo.

✳ Detén la perreta si las cosas no salen como tú quieres, hazme el favor.

✳ No trates de enamorar a todo lo que se cruce en tu camino.

✳ Trata de no buscar todo el tiempo la aprobación de los demás.

✳ Eres capaz de sacrificar tus necesidades con tal de evitar la confrontación. Se vale ponerte primero, mi amor.

✳ No te cambies tanto de ropa antes de salir.

✳ Controla tus impulsos y establece prioridades; no te puedes mover solamente por el placer.

SALÓN DE LA FAMA

Rosalía
(@rosalia.vt)
Cantante española que brilla sin *highlighter*. Esta mujer desde que salió se quedó con el canto.

Héctor Lavoe
Prócer puertorriqueño de la salsa. Es el cantante de los cantantes y no hay más na'.

Cardi B
(@iamcardib)
Diosa de la música. Me suscribo a escuchar sus *rants* diarios en redes sociales y a ver cómo les canta las verdades a medio mundo.

Ñengo Flow
(@nengoflowofficial)
Erudito de la música urbana y majestad de la fauna musical puertorriqueña. Siempre va wheeleando por la vida.

Celia Cruz
(@celiacruz)
La reina de la Fania, la de la bemba colorá, la que te enseñó que la vida es un carnaval para que dejes los lloriqueos. ¡Azucá!

NOMINACIONES

Signo que siempre está con pareja

Signo que nunca sabe qué quiere comer

Signo que siempre tiene la pata alzá

NO ES POR AQUÍ,
PERO YA ES MUY TARDE
PARA VIRAR.

ESCORPIO

23 de octubre – 21 de noviembre

Escorpio de mi corazón, máquina del éxito, señor
y señora de las penumbras: tú eres la pasión y la
intensidad encarnadas. Nunca he visto a un escorpio
destruido, porque cuando tocas fondo es que agarras
fuerzas. Levanta ese aguijón, renace como el ave
fénix y demuestra cuál es el signo
que manda aquí.

* ELEMENTO:
* CUALIDAD: *FIJO*
* ASTRO REGENTE: *MARTE Y PLUTÓN*

ANATOMÍA DE ESCORPIO

Los clichés básicos de tu signo son:

✳ Eres una persona darks y misteriosa

✳ No toleras las mentiras

✳ Detective natural

✳ Prócer del sexo

✳ Siempre estás orquestando venganzas

SUERTE EXPRÉS

AMULETO: *UNA FOTO 2x2*

NÚMEROS DE LA SUERTE: *12, 30, 25, 6, 22*

EVITA: *CAER SIEMPRE EN EL MISMO HOYO*

FONDO DE PANTALLA: *UNA FOTO DE TU PERSONA FAVORITA*

RETO: *QUE NO SE TE MUERAN LAS PLANTAS*

CONSEJO: *NO LE SALGAS CON BICHERIÁS A LA GENTE QUE TE QUIERE AYUDAR CUANDO TIENES ESTRÉS*

APLAUSOS

ESCORPIO DE MI VIDA, SER DE LUZ Y PENUMBRAS. Eres un magneto de éxitos y grandes cosas. Tu perrería es tan fuerte que, aunque hablen mierdas de ti, todos quieren ser tus panas y entrar en tu reino.

* Tienes una gran habilidad para ser hostilmente encantador y encantadora.

* Dominas el lado oscuro de la vida, los temas difíciles y profundos.

* Te irritas y te aprieta el pecho cuando tus interacciones se quedan en un plano superficial o cuando alguien viene a hacerte un small talk mongo.

* Eres la cura y la enfermedad. Das de la que envicia y de la que enchula.

* No hay otro signo capaz de tocar fondo para agarrar fuerzas. Te reinventas y vuelves a la contienda con una fuerza inquebrantable. Analizas tus crisis y las domesticas.

* El caos te llena de energía y de entusiasmo. Nunca he visto a un escorpio abatido o destruido.

Bebé, a ti cuando te dicen «no» te entra una fogosidad demasiado intensa y te dan más ganas de conseguirlo. Compites hasta con tu sombra y le ganas.

MALAS MAÑAS

TODO LO BUENO TIENE UN LADO DARKS. Aquí te paso mis recomendaciones de cosas que deberías soltar para balancear tu signo y no ser un papelón.

✳ Evita sentirte demasiado cómodo en la inestabilidad.

✳ Húyele al síndrome foster home, rescatando a la gente con todo y sus problemas.

✳ ¡Ojo! Calma los mood swings que confundes a la gente. No hables mierda de tus ex.

✳ Deja la envidia y de estarte comparando con los demás. No todo es una competencia, a veces tú mismo te cierras puertas por andar con riñas o conflictos inexistentes.

✳ Aprende a decir las cosas sin hostilidad.

✳ Trata tus decisiones como si fueran gandules o guisantes, mínimo una noche de remojo.

✳ Tú vives con tanta intensidad que a veces no te paras a pensar las cosas bien y te pillas solito en situaciones incómodas.

SALÓN DE LA FAMA

Charly García
(@charlygarcia)

Ícono, genio y prócer del rock argentino. No puede ser feliz con tanta gente hablando a su alrededor. Ese bigote blanco y negro siempre estará en nuestro corazón.

Sergio Rotman
(@sergiorotman)

Amigo y saxofonista ejemplar e integrante de Los Fabulosos Cadillacs. Este muchacho es el rock encarnado. Si lo ves, janguea con él, porque de seguro la vas a pasar muy bien.

Björk
(@bjork)

Si los ángeles existen, cantan como Björk. Esta beba es la niña símbolo: tiene su sol, su luna y su ascendente en este signo. JEVI.

Mela Pabón
(@mela.pabon)

Mi diosa, mi jefa y mi mano derecha. Si no fuera por ella, yo no existiría. Te amo, mami.

Joyce Santana
(@joycesantanapr)

Cantante boricua de trap y panita afuego. Como todo escorpio es rey del misterio y brujo natural. Él sabe lo que viene, como yo.

NOMINACIONES

Signo más darks

Signo más incomprendido del zodiaco

Mejor guion y dirección de películas mentales

LA MEJOR
VENGANZA
VA A SER
MI ÉXITO.

SAGITARIO

22 de noviembre – 21 de diciembre

Sagitariano salvaje, tú eres una bola de impulsividad y aventuras. No estás para aburrirte con la monotonía de la humanidad. Necesitas fuego y chiste; tienes que aprender cosas nuevas todo el tiempo o te vas en la mala. Siempre tienes un invento nuevo y la mayoría de las veces, te sale cabrón de bien.

* ELEMENTO:
* CUALIDAD: MUTABLE
* ASTRO REGENTE: JÚPITER

ANATOMÍA DE SAGITARIO

Los clichés básicos de tu signo son:

Necesitas ✳ aventura para sobrevivir

✳ Eres una gran colección de memes

Te encanta ✳ viajar y conocer gente rara

✳ Dices que vas a hacer algo y no lo haces

Cuando todo se va a la mierda, tú ✳ sigues como si na'

SUERTE EXPRÉS

AMULETO: *UNA COPIA DE TUS LLAVES*

NÚMEROS DE LA SUERTE: *12, 49, 7, 8, 1*

EVITA: *REÍRTE DE LA GENTE EN SU CARA*

FONDO DE PANTALLA: *TU PLAYA FAVORITA*

RETO: *TRATA DE DECIR LA VERDAD SIN CAMUFLAJEARLO COMO UN CHISTE*

CONSEJO: *HUYE DE LOS ESPACIOS INCÓMODOS*

APLAUSOS

SAGITARIO DE MI ALMA, NO HAY UN SIGNO TAN INTENSO COMO EL TUYO. Flor de mi juventud, estás enviciado por las aventuras y las sorpresas. Aquí están los Indiana Jones del zodiaco.

✳ No te gusta eso de hacer lo mismo todos los días y tener demasiada estabilidad. El caos te alimenta y te da vida.

✳ Mi amor, eres un meme en persona.

✳ Me caes bien porque valoras el poder de las paveras y las risas.

✳ No le tienes miedo al papelón y escoges a tus amistades por cuán interesantes y raras son.

✳ Te vas en unos viajes filosóficos tratando de encontrarle el sentido a la vida. Necesitas tener gente cerca para que te den cuerda y aplaudan tus monólogos de una hora.

✳ Sientes una pasión intensa por aprender cosas nuevas y saber de todo un poco.

Bebé, saca esos pasajes sin miedo; tú necesitas viajar y conocer lugares nuevos para sobrevivir.

MALAS MAÑAS

TODO LO BUENO TIENE UN LADO DARKS. Aquí te paso mis recomendaciones de cosas que deberías soltar para balancear tu signo y no ser un papelón.

* Si perdiste el interés en medio de una conversación, disimula un poco.

* Deja atrás el ghosting.

* No insultes a la gente y te la pases peleando con randoms por internet.

* No expreses tus sentimientos solamente en exceso de chistes. Abrazar de vez en cuando está bien. Tú puedes.

* No digas «sí» cuando sabes que tienes cinco proyectos atrasados.

* ¡Ojo! Esa capacidad de ser tan honesto y honesta, si no la administras bien, puede hacer que termines pareciendo un mamabish.

* Te tienes que desconectar de vez en cuando y dejar de pensar en el trabajo. El descanso también es una gran aventura.

* No te quitas, ni aunque estés papeloneando. Esto es bueno para tu carrera, pero fatal para tus peleas online.

SALÓN DE LA FAMA

Britney Spears
(@britneyspears)

Diosa del pop, una de mis maestras de baile. Cuando cometes el mismo error dos veces, *oops...* te acuerdas de ella.

Cazzu
(@cazzu)

La nena trampa, la más perra del trap ahora mismo. La amo.

Ana Gabriel
(@anagabrieloficial)

Cantautora mexicana; dueña de las baladas más icónicas y más que eso: es simplemente tu amiga y nada más.

Niurka Marcos
(@niurka.oficial)

La mujer escándalo; actriz, vedette, cantante y bailarina cubana. Esta mujer es un *mood* sagitariano y se emociona cuando conoce a alguien de su signo.

Macha Colón
(@machacolon)

La reina y creadora de la famosa jayaera. Cantante, artista y directora puertorriqueña. Es un personaje muy importante de la escena *under* Boricua.

NOMINACIONES

Signo más impredecible

Signo que organiza la fiesta y no va

Signo más graciosito del zodiaco

A VER QUÉ TAL...

DOCUMENTAL ABEJAS

SAGITARIO

DESPUÉS DE VER EL DOCUMENTAL

LINKEDIN

SOY APICULTORA.
LAS ABEJAS SON
MI PASIÓN.

CAPRICORNIO

22 de diciembre – 19 de enero

Cabra perfecta, dios del más allá. Tú viniste aquí a demostrar cómo es que se hacen las cosas. Todo lo que tocas lo dejas nuevo y funcionando. Eres una máquina que no para de trabajar para que todo quede perfecto. La mediocridad te da ganas de vomitar. Eres un gran ejemplo a seguir.

* **ELEMENTO:**
* **CUALIDAD:** *CARDINAL*
* **ASTRO REGENTE:** *SATURNO*

ANATOMÍA DE CAPRICORNIO

Los clichés básicos de tu signo son:

✳ Todo lo tienes que hacer bien

✳ Trabajas hasta cuando duermes

✳ A veces te tomas todo demasiado personal

✳ Buscas siempre tu power couple

✳ Llegas a tiempo y cumples con tu palabra

SUERTE EXPRÉS

AMULETO: UNA ESCARCHA

NÚMEROS DE LA SUERTE: 28, 37, 19, 2, 8

EVITA: QUE EL TRABAJO ACAPARE TU VIDA

FONDO DE PANTALLA: TU CRUSH

RETO: VETE DE VACACIONES

CONSEJO: SI NO TE PIDEN CONSEJOS, NO TE METAS

APLAUSOS

AMOR MÍO, CABRA DEL MONTE DEL OLIMPO.

Te estoy aplaudiendo sola aquí en el cosmos porque es increíble cómo haces todo bien. Tú no quedas mal con nadie.

✳ Cariño, no te tragas mierdas de nadie; las cantas claras y sabes explicar muy bien los problemas.

✳ En tu universo las cosas se hacen bien o no se hacen. Todo lo que está en el medio no lo entiendes.

✳ La palabra de capricornio vale oro. Cuando dices que vienes, seguro llegas.

✳ Si quieres algo, haces lo que sea por conseguirlo. Nada te detiene.

✳ En el vocabulario de capricornio no existe la palabra «límites». Tú juegas, no solo para ganar, sino para quedarte con el equipo entero.

✳ Vives con lujuria, aunque tengas el presupuesto justo.

✳ Estás destinado y destinada al poder y a gozar de un buen estatus; en el zodiaco reconocemos tu magia y talento para conseguir lo imposible.

Cuando capricornio habla, al resto no nos queda más que escucharle y tomar notas. Llegaron los jefes, bebé.

MALAS MAÑAS

TODO LO BUENO TIENE UN LADO DARKS. Aquí te paso mis recomendaciones de cosas que deberías soltar para balancear tu signo y no ser un papelón.

✳ Si no quieres ir a algo, puedes decir «no» sin enfriarle el entusiasmo a la gente.

✳ No te enchules de alguien solo por su potencial para ser tu power couple.

✳ No midas todo por éxito o fracaso.

✳ Puedes ser demasiado severo cuando la cagan contigo.

✳ Tienes fobia a hacer el ridículo.

✳ Te encanta pelear con tus amigos imaginarios solo para mantener un mínimo nivel de estrés y dramatismo en tu vida.

✳ Aprende a distinguir entre una paja mental y una buena idea.

✳ Tu nuevo mantra: si no eres jefe, deja de mandar.

SALÓN DE LA FAMA

Ricky Martin
(@ricky_martin)

Cantante y actor boricua, exintegrante del grupo Menudo. Siempre ha estado en el tope del éxito, no importa lo que haga. Es una deidad cultural; no tiene comparación ni competencia.

Hunter Schafer
(@hunterschafer)

Euphoria siento cada vez que veo la perrería que esta mujer emana. Gran actriz y jeva máxima.

Issa Rae
(@issarae)

Una de mis escritoras favoritas, además es actriz y productora. Hazte el favor y ve *Insecure*, en vez de estar viendo *Friends* por quinta vez.

David Bowie
(@davidbowie)

El verdadero camaleón del rock. La estrella más brillante del cosmos. El papá de los pollitos: gracias por todo.

Juan Gabriel

Papito Juanga: cantautor y compositor de la mayoría de los hits que nos esgalillamos cantando con pasión.

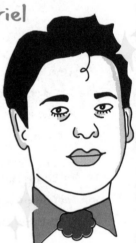

NOMINACIONES

Signo que siempre está dando órdenes

Signo con mejor manejo de finanzas

Signo que está matando la liga

LO HICISTE DE NUEVO... ERES INCAPAZ DE DECIRLE QUE NO A LA GENTE Y TE PILLASTE CON OTRO COMPROMISO.

ACUARIO

20 de enero – 18 de febrero

Cantimplora acuariana de amor: tú estás *ready* pa' construir el mundo utópico que quieres. Nadas contra la corriente, vives en la desconstrucción y no sigues las reglas. Tú viniste al mundo a hacer lo que te dé la gana. Te doy permiso, acuario: libérate de las cadenas sociales que te oprimen.

✳ *ELEMENTO:*
✳ *CUALIDAD: FIJO*
✳ *ASTRO REGENTE: URANO*

ANATOMÍA DE ACUARIO

Los clichés básicos de tu signo son:

✳ Eres rebelde sin causa

✳ Siempre estás luchando con algo

✳ Estás en muchos group chats de WhatsApp

✳ Eres sociable, líder y amante de la justicia

✳ Discutes mucho en las redes sociales

SUERTE EXPRÉS

AMULETO: *UN PALO DE INCIENSO*

NÚMEROS DE LA SUERTE: *LOS NÚMEROS PARES*

EVITA: *NO DECIR LO QUE SIENTES EN EL MOMENTO*

FONDO DE PANTALLA: *TU PLANTA FAVORITA*

RETO: *MANTÉN TU CASA RECOGIDA*

CONSEJO: *SÉ LÍDER, NO PROTAGONISTA*

APLAUSOS

ACUARIO DE MI ALMA, CANTIMPLORA DE PAZ, tú no eres parte del rebaño zodiacal. Cuestionas todo: cualquier regla, orden o dirección impuesta la revalúas antes de decidir si la cumples o no.

* Eres un ser indomable que no respeta la autoridad. Buscas la justicia y no crees en estratos ni jerarquías.

* Vas a liderar la próxima revolución mundial porque cuando se trata de batallar contra las injusticias, tú estás en la primera fila.

* No necesitas lujos ni excesos para ser feliz: lo único que valoras es la libertad.

* Imposible trazar la ruta de un acuario, porque no tenemos ni idea de cuál será su próximo paso.

* No te importa mucho lo que piensen los demás, porque estás bien arraigado y arraigada a lo que eres.

* Nadie se la monta a un acuario, porque lo que le toca después es tremendo sal pa' afuera.

Acuario es un signo genuino. Lo que ves es lo que hay y yo veo un signo bello, inquebrantable y fuerte que no sabe bien lo que quiere porque no necesita nada.

MALAS MAÑAS

TODO LO BUENO TIENE UN LADO DARKS. Aquí te paso mis recomendaciones de cosas que deberías soltar para balancear tu signo y no ser un papelón.

✳ No provoques dramas, peleas o escándalos solo por aburrimiento.

✳ Evita sacar a la gente de tu vida sin avisar.

✳ Deja de hacer cosas solo para demostrarle al mundo que nadie te controla.

✳ Eso de racionalizar tus emociones ya es cosa del pasado.

✳ Basta de tardarte dos semanas en contestar un mensaje.

✳ Canaliza tus crisis emocionales en un outlet creativo. Mientras sigas ahogando tus penas bebiendo o en Instagram te vas a quedar estancado.

✳ No juzgues a la gente que no consideras inteligente o interesante.

✳ Ya no te pongas a discutir en cualquier foro; comprende que el conocimiento es un proceso.

SALÓN DE LA FAMA

Amalia Andrade
(@amaliaandrade_)
Escritora y experta en el manejo de corazones rotos. Tiene una capacidad de explicar sus emociones que es digna de un premio. Lee su libro: *Uno siempre cambia al amor de su vida (por otro amor o por otra vida)*.

Shakira
(@shakira)
Cantautora de Barranquilla, ícono de nuestros corazones y niña símbolo de este signo. Hizo lo que le dio la gana y se quedó con el canto.

Mimi Maura
(@mimimauraoficial)
Cantautora boricua muy querida, radicada en Argentina. Esta mujerona cada vez que canta te deja los pelos de punta.

Lola Flores
(@lolitafoficial)
Cantante, bailaora de flamenco, filósofa, majestad y actriz española. Dueña y señora de la rebeldía; siempre fue en contra de la corriente y dijo lo que tenía que decir.

Luis Alberto Spinetta
(@spinettaoficial)
Genio, poeta y maestro de la música. Estaba a otro nivel y dejó huellas gigantes en el rock latinoamericano. Busca sus bandas: Almendra, Invisible, Pescado Rabioso, y su trabajo como solista.

NOMINACIONES

Signo más woke

Signo que más rápido se aburre

Signo con problemas de compromiso

HICE UN MEME
SOBRE EL CAPITALISMO.

SOY
ACTIVISTA.

PISCIS

19 de febrero – 20 de marzo

Piscis querido, querubín místico de mi alma: tú perteneces al lado oscuro, donde nosotros los mortales no podemos entrar. Eres dueño y dueña de todo lo místico, los sueños y los grandes misterios del Universo. Un signo un poco llorón porque tienes la capacidad de ver cosas que nadie más ve. Te presto mi hombro, llora de la felicidad conmigo. Te amo, piscis.

* ELEMENTO:
* CUALIDAD: MUTABLE
* ASTRO REGENTE: NEPTUNO Y JÚPITER

ANATOMÍA DE PISCIS

Los clichés básicos de tu signo son:

El signo más místico del zodiaco

Tienes sueños bien raros

Te encanta escuchar música y estar en un viaje existencial

Tomas decisiones basadas en la intuición

Tu estado anímico es un misterio

SUERTE EXPRÉS

AMULETO: UNA CORONA DE PAPEL
NÚMEROS DE LA SUERTE: 45, 9, -2, 18, 23
EVITA: IRTE EN UN VIAJE HABLANDO DE COSAS MUY PROFUNDAS
FONDO DE PANTALLA: UNA BANDEJA DE CROQUETAS
RETO: MIRA A LA GENTE INTENSAMENTE A LOS OJOS
CONSEJO: OBSESIÓNATE POR ESTAR PRESENTE,
NO POR REVIVIR EL PASADO

APLAUSOS

PESCADO RABIOSO DEL MAR DE MI CORAZÓN, tienes una sensibilidad bien fuerte para el misticismo y el misterio. Tu nivel de brujería es tal, que hasta Walter Mercado es de tu signo.

* Tienes la intuición bien activa todo el tiempo; tus decisiones se basan en lo que sientes.

* Es un honor para el zodiaco que seas tan sensible y que entiendas tan bien tus emociones.

* Siempre estás en la tuya, navegando por los rincones más oscuros de tu ser y escuchando música medio rara. A veces te me pones emo: es parte de tu personalidad.

* Necesitas tener estímulo mental constante. No te gusta tener conversaciones flojas ni rodearte de gente superficial que solo habla de boberías.

* Estás obsesionado por descubrir el sentido de la vida.

* Todo lo recibes con el doble de intensidad. Cuidas a los demás y hasta sufres los dolores ajenos.

Cariño, desborda toda esa emoción que cargas y muéstrale al mundo lo que no puede ver.

MALAS MAÑAS

TODO LO BUENO TIENE UN LADO DARKS. Aquí te paso mis recomendaciones de cosas que deberías soltar para balancear tu signo y no ser un papelón.

* Trata de no hacerte la víctima por deporte, mejor sal a correr.

* Evita dejar a la gente plantá porque tuviste un mood swing.

* Deja de pensar en el pasado e idealizar el futuro como excusa para procrastinar y no atender el presente.

* Evita escapar de tus problemas, mejor trata de hablar y enfrentarlos.

* Basta de pensar que la vida tiene algo en tu contra.

* En vez de tratar de salvar a la humanidad y de entender los problemas de la gente, tienes que autoevaluarte.

* No le digas a tu ex que soñaste con ella/él.

* Siempre estás en una viaje con la mirada perdida. A veces te hablan y tienes un delay de cinco segundos para contestar. OJO: Tienes tendencia a fumar demasiada marihuana.

SALÓN DE LA FAMA

Walter Mercado
(@waltermercadotv)
El dueño de los astros y rey de los misterios del Universo. Mi mentor a distancia, mi inspiración y la elegancia mística y extrambótica.

Frankie Ruiz
(@frankieruizoficial)
El papá de la salsa, mi *mood* eterno, genio boricua. Dueño y señor de las baladas salseras más profundas y tremendo charlatán optimista.

Natalia Lafourcade
(@natalialafourcade)
Cantautora mexicana con la voz del *soundtrack* de tus sueños. Uno la escucha y sonríe.

Ivy Queen
(@ivyqueendiva)
La caballota, la perra, la diva, la potra, la mami que tiene el tumbao' y al que se le pare al frente se lo lleva enredao. No hay más nada que decir. Es la *queen* del perreo y un orgullo boricua.

Bad Bunny
(@badbunnypr)

El bebo más exitoso de estos tiempos. No hay *break*, no hay liga, no existen los mismos niveles. Es tan Piscis que su música nos pone a perrear y a llorar a la vez.

NOMINACIONES

Signo más incomprendido

Signo que vive en el pasado

Signo que parece estar siempre en un viaje psicodélico

CUANDO SUEÑO COSAS COTIDIANAS, SIENTO QUE PERDÍ EL TIEMPO.

Parte 2

MANUALES DE SUPERVIVENCIA PARA EL CAOS

de todos los días

Bebesín, no tienes este libro en tus manos por casualidad. Llegué a ti porque sé que ahora mismo el futuro es un misterio, la vida cada vez se complica más y sientes que por alguna razón el papelón te acecha.

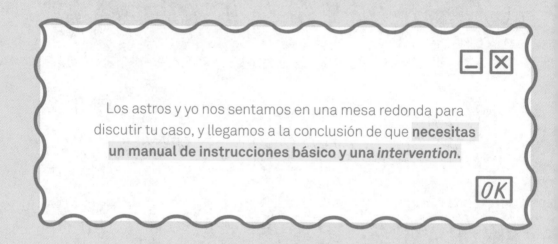

Los astros y yo nos sentamos en una mesa redonda para discutir tu caso, y llegamos a la conclusión de que **necesitas un manual de instrucciones básico y una *intervention*.**

Una vez que proceses y pongas en práctica estos ejercicios que te propongo, alzarás vuelo como la gaviota libre que eres.

Te envío esta guía desde el más allá como instrumento para la vida. Si te comes la mierda y no haces nada, pues no puedo hacer más por ti, carita de ángel. Lo importante es que sepas que al final todo va a estar bien y que, aunque la cosa apriete y se complique, **los astros y yo siempre vamos a jugar para tu equipo.**

1

MANUAL PARA TENER

un gran día

Querubín del más allá: te estoy velando. Te levantas todos los días azorao' o azorá a apagar tus veintinco alarmas. Te escucho cuando dices: «Cinco minutitos más» y te quedas inerte tres horas adicionales. Veo cuando te levantas por fin y vas directo a escrolear por tiempo indefinido con la mirada perdida. Se me aguan los ojos al ver cómo postergas tanto el inicio de tu día y no arrancas con el *flow* necesario. Quiero que a partir de hoy cada día de tu vida sea especial. No importa cuál sea tu signo, tu ascendente, tu luna ni tu animal favorito. Esto aplica para toda la humanidad: un gran día empieza con una buena **rutina mañanera.**

Tutorial:

DÍA ESPECIAL

1 **LEVÁNTATE CON LA PRIMERA ALARMA**

Manuales de supervivencia para el caos de todos los días

② CANTA Y DEDÍCATE UNA CANCIÓN MIRÁNDOTE AL ESPEJO.

*YO ME CANTO "LA COSA MÁS BELLA" DE EROS RAMAZZOTTI.

③ NO DEJES QUE NADIE TE JODA EL FLOW Y PÁSALA CABRÓN.

PLAYLIST PARA EMPEZAR EL DÍA CON ENERGÍA

Para empezar el día con ímpetu, estamina y energía, es bien importante que te me actives tan pronto te levantes de esa cama.

Lávate los dientecitos, quítate las legañas, date un baño y pon esta *playlist* que te armé con canciones de alto impacto para que tu día empiece sin morriña, sin changuerías y eches pa' adelante. Te quiero ver dándolo todo, haciendo coreografías y sintiendo cómo la energía habita en ti. Si ninguna de estas canciones te activa por la mañana, siéntete en la confianza de armar tu propia *playlist* con la música que te dé la gana y te ponga de buen humor. Bebé, la pista de baile es tuya.

▶ BANGAH - **ÌFÉ**	▶ Traigan agua - **Maffio, Rafa Pabón y El Micha**
▶ El blue del ping-pong - **Rita Indiana y los Misterios**	▶ La vida es bonita - **Héctor Lavoe**
▶ El baile y el salón - **Café Tacvba**	▶ Solitario – **MITÚ**

- ▶ Bailando - **Alaska y Los Pegamoides**
- ▶ Mi gran noche - **Raphael**
- ▶ Libre - **Nino Bravo**
- ▶ Caminante no hay camino - **Joan Manuel Serrat**
- ▶ Hablando a tu corazón - **Charly García y Pedro Aznar**

- ▶ Guapa - **Juan Wauters**
- ▶ Fiesta en América - **Chayanne**
- ▶ Final - **Almendra**
- ▶ El espanto - **Balún**
- ▶ Safaera - **Bad Bunny, Jowell & Randy & Ñengo Flow**

Bueno, amor mío, ya te manifestaste; le hablaste al espejo para que te ilumine en este nuevo día y pusiste música para salir a la calle con entusiasmo.

Te sientes bien perra, estás *fresh*, hueles bien y estás lista o listo para enfrentar el mundo como el ser indomable e imparable que eres. Pero antes de que encares al Universo, debes tener en cuenta que existir es enfrentarse también con situaciones, personas o momentos que te pueden joder el día.

COSAS QUE JODER EL TU SIGNO:

Aries:
Cuando estás bien pompiao y alguien te dice: «Wow, te ves súper cansada / cansado».

Tauro:
Ir tarde y caer en un tapón inesperado de 1 hora y 45 minutos.

Géminis:
Que alguien te llame cuatro veces seguidas.

Cáncer:
Encontrarte al ex que te rompió el corazón de *brunch* con su pareja nueva.

Leo:
Tropezarte frente un grupo de personas.

Virgo:
Llegar temprano y que la otra persona llegue tarde.

TE PUEDEN DÍA SEGÚN

Libra:
Pensar que alguien te saluda, devolverle el saludo y darte cuenta de que saluda a la persona que está detrás de ti.

Escorpio:
Que te hagan críticas constructivas temprano en la mañana.

Sagitario:
Tener que cancelar una actividad por lluvia.

Capricornio:
Que la puerta diga «empuje», mientras tú jalas.

Acuario:
Ver basura en la calle.

Piscis:
Hacer una fila de más de cuatro minutos.

HOY HAY SIESTA EN CASA

Manuales de supervivencia para el caos de todos los días

Ahora vamos a imaginar que tu día va perfecto.
Todo te está saliendo bien, estás de buen humor,
hiciste los ejercicios del manual y de momento te
das cuenta de que se te quedó el celular en tu casa.

ES NORMAL QUE ESTO SEA FRUSTRANTE.

El secreto está en manejar la situación con armonía porque, conociéndote, sé que esto tiene el potencial de joderte el resto del día. Tienes que entender que la vida está llena de estos pequeños momentos y tú eres una persona adulta que debe de mantener la compostura. Así que te escribí esta meditación para que la tengas a la mano y la puedas hacer donde quiera que te agarre el mal rato: busca una esquinita, vete al carro, enciérrate en el baño y repítela cuantas veces sientas necesario. Ya verás que vas a regresar al mundo saludando a extraños y cantando en voz alta de la paz intensa que sientes.

MEDITACIÓN

Primero que todo, ráscate lo que sea que te pique. Este es el momento.

Acomódate y enfócate.

Inhala y exhala.

Tienes que bajarle dos y lo sabes. Estabas a punto de hacer un papelón y no vale la pena.

Manuales de supervivencia para el caos de todos los días

GUIADA

Dale pausa a la película mental que te estás haciendo.
No es para tanto. Deja el show que no hay tarima.

Vuelve a respirar, endereza los hombros, levanta la mirada y regresa al mundo repartiendo amor y tolerancia.

¿Cómo es posible que una persona tan fuerte, tan simpática y tan inteligente como tú fuera a dejar que esta bobería le quitara la paz?
Yo me quedo boba. No lo puedo creer.

Respira profundo cinco veces y cuando termines di en voz alta, con convicción: «No te la dejes montar. Tú puedes con esto».

Nadie tiene la culpa de esto que acaba de pasar. Hay cosas que no están en nuestro control.

Continúa con este mantra el resto del día.

ESTRATEGIAS PARA TENER CASI TODO BAJO CONTROL

1. Antes de cerrar la puerta de tu casa asegúrate de tener lo más importante: teléfono, cartera y llaves.

2. Cuando estés hablando con alguien haz un acto de presencia y deja de chequear tanto el celular.

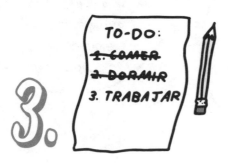

3. Si tienes trabajo o cosas importantes que hacer, crea una *to-do list* con al menos dos tareas que ya hayas completado, para que las taches y te sientas cabrón.

4. Evita hacer en 8 horas algo que te toma 5 minutos.

CREO QUE HOY
ES UN GRAN
DÍA PARA QUE
DEJES EL SHOW.

GUÍA PARA MANEJAR

tu tiempo libre

Manuales de supervivencia para el caos de todos los días

Bueno, bebé, llegamos hasta aquí y esto hay que celebrarlo porque mucha gente no pasa de la playlist mañanera. Después de toda la intensidad del día a día, este es tu momento. Quítate los zapatos y, si lo usas, quítate también el brassier. Ahora te toca enfrentarte a tu tiempo libre, y con esto, a ti y tu indecisión. Si por lo menos tachaste cositas en tu *to-do-list*, no te sientas culpable de disfrutar de tu tiempo de descanso. Llegó el momento de hacer lo que te dé la gana, tienes permiso.

TIPS PARA NO PASAR TODO TU TIEMPO LIBRE BUSCANDO QUÉ VER

1. Si tuviste que meditar varias veces durante el día por diferentes razones, te recomiendo algo livianito. Nada de tiroteos, dramas complicados o programas de asesinos en serie. Pare de sufrir.

2. Si tuviste un buen día, tienes energía suficiente para enfrentarte a una historia intensa de muchas temporadas o en otro idioma.

YO NO LA MATE

O SÍ

3. Si todavía estás buscando qué ver, vuelve a ver el show que has visto trece veces. Por ejemplo, *The Office*, *Schitt's Creek*, *Seinfeld*...

4. Y si nada de esto funciona, cierra los ojos, aprieta las flechas del control de la tele y para. No hagas trampa. Escoge la serie o película random que te salió. No importa cuál sea, dale una oportunidad. Mucha gente trabajó fuerte en esa producción, aunque no te guste. Recuerda: amor y tolerancia.

¿SIGUES AHÍ?

SÍ, HACE 7 HORAS QUE ESTOY AQUÍ

ME DORMÍ

Y AHÍ ESTUVO 9 HORAS CORRIDAS

Si ver series no es para ti o ya las viste todas, hay más actividades que puedes hacer: cocinar, leer un libro, discutir en Facebook... Pero yo no puedo tomar decisiones por ti. Este blanco lo tienes que llenar tú.

TENGO GANAS DE: _____

_____.

PERFECTO. MÉTELE QUE NADIE TE FRENA. ESTE ES TU TIEMPO.

BUENAS NOCHES, QUE DESCANSES. ES TODO POR HOY.

MELA ♥

(2)

MANUAL PARA TENER

una gran vida social

Capullito de alelí, se abrieron las compuertas. Ahora vamos a cubrir un tema delicado e importante. Ya lograste el trabajo interno, ahora te toca socializar. Eres como una mariposa saliendo de su capullo de seda. Mi vida, abre las alas, las interacciones sociales te esperan. Aquí te dejo un manual de instrucciones por si te pones *awkward* en el intento.

HOLA, TE LLAMÉ
PARA HABLAR DE
MÍ UN RATO.

DOMINA EL SMALL TALK

Bueno, bebé, toda interacción social empieza con una palabra. Esa es la semilla que hace germinar una conversación interesante o una aburrida... por algo se empieza. Sin embargo, es bien importante que domines estas oportunidades para conectar y ampliar tu repertorio de posibles amistades. Por aquí te dejo una que otra sugerencia testeada por esta servidora, tu beba, Madame Mela.

¿CUÁL ERA SU NOMBRE? DE SEGURO SE QUIERE IR. TENGO QUE DEJAR DE HABLAR DE MÍ. ¿POR QUÉ LE ESTOY HABLANDO DE MIS TRAUMAS DE INFANCIA?

¿POR QUÉ ME MIRA ASÍ? LA ESTOY ABURRIENDO DE SEGURO. NO PUEDO SEGUIR HABLANDO DE MI GATA. NO TENGO TEMAS. NO SE RIO DE MI CHISTE.

INSTRUCCIONES PARA TENER CONVERSACIONES PROFUNDAS

(2) Si no tienes confianza, no preguntes por su ex.

(3) Evita interrumpir anécdotas ajenas para contar la tuya.

(4) Solo da consejos cuando te los pidan.

(5) Cuando alguien te hable, mírale a los ojos y escucha lo que te dice. No respondas en automático cualquier cosa.

(1) Trata de no contarle a la gente sueños locos, ni saturarla con fotos de tus mascotas o infantes.

(6) Evita tratar de conectar hablando mal de otra gente.

TUVE UN SUEÑO BIEN LOCO.

OK.

TE LO VOY A CONTAR.

POR FAVOR, NO.

COSAS QUE NO DEBES DECIR CUANDO TE DAN UN CUMPLIDO

«Qué linda esa camisa».
«Gracias, me costó bien barata, estaba en descuento».
(Nadie preguntó ese detalle. Esta respuesta viene de la culpa.
Te estás minimizando a ti y a tu camisa).

«Qué linda esa camisa».
«Gracias».
(Ya está, acepta que tu camisa es bella y úsala con orgullo).

QUÉ HACER SI PERDISTE EL HILO DE LA CONVERSACIÓN POR ESTAR PENSANDO EN OTRA COSA

1. Percibe el ambiente y estudia bien la energía del grupo para ver qué emoción debes adoptar.

wow... ¡wow!

2. Reincorpórate diciendo cosas que sirven para cualquier ocasión, como: «Está cabrón...». «Wow». «No puede ser». «¿¡Qué!?».

3. Sonríe y asiente. (Repite cuantas veces sea necesario). Si la gente comienza a reír, ríete tú también.

4. En el peor de los casos, escríbele a una amiga cercana: «Llámame». Cuando te llame, dile al grupo con convicción: «Vengo ahora; es del trabajo», y abandona la conversación.

Manuales de supervivencia para el caos de todos los días

APRENDE A MANEJAR LAS REDES SOCIALES

¡Felicidades! Ya aprendiste a conversar con propiedad; ahora estás *ready* para pasar al próximo nivel. Saludar a la gente en el internet implica todo un manual de etiqueta renovado. No te preocupes, mi santo, mi santa: te voy a dar tips para que manejes tus interacciones virtuales sin mucho papelón.

① PRIMERO QUE TODO: NO ME GRITES

Evita escribir en letras mayúsculas; esto puede resultar intimidante. Recuerda: mucha gente asocia las mayúsculas con un grito.

②

Trata de enviar mensajes claros y concisos. El exceso de abreviaciones puede causar malos entendidos. Ejemplo: «Na lko. Voy a mi apa pa estar set, ke hay get y toi bn moti. Y tú, kslake?». Traducción: «Nada, loco. Voy a mi apartamento para arreglarme y prepararme, que hoy hay un *get together* y tengo muchas ganas de ir. Y tú, ¿qué tal?».

③

No pongas fotos donde solo tú sales bien. Esto es una falta de respeto.

④

Si te dan *unfollow* no hagas un show ni lo tomes personal. No eres tú, es tu contenido. Todo el mundo tiene derecho a seguir a quien quiera.

5 Las discusiones en internet son muy atractivas, pero nunca terminan bien. No caigas en la trampa.

6 Si ves un post que te recuerde a tu pana, por ejemplo, un horóscopo de @checkinmela, mándaselo. Le harás el día y eso fortalece la amistad.

7 Por último:

NO LEAS LOS COMMENTS

NO LEAS LOS COMMENTS

NO LEAS LOS COMMENTS

Manuales de supervivencia para el caos de todos los días

LOS SIGNOS SI FUERAN INFLUENCERS

Aries: Postean muchas cosas de *wellness* y *twerking*.

Tauro: Son *food bloggers* solo por intercambio.

Géminis: Están más pendientes de las redes sociales de los demás que de las suyas.

Cáncer: Se refieren a sus *followers* como «familia».

Leo: Hacen *lives* diciendo: «Saludos, mi gente», aunque no tengan ni diez *followers*.

Virgo: Les encanta hacer tutoriales que nadie pidió.

Libra: La gente les tiene en mute porque suben demasiadas *stories*.

Escorpio: Nunca contestan los *emails* ni los mensajes directos.

Sagitario: Tienen una cuenta de memes robados.

Capricornio: No son *influencers*, son *entrepreneurs*.

Acuario: Tienen una cuenta de derechos humanos.

Piscis: Se graban haciendo ejercicio o en poses de yoga.

VAMOS A HACER UN UNBOXING

③

MANUAL PARA MANEJAR

tus relaciones

Rayito de sol que brilla incansablemente, llegaste al nivel avanzado de relaciones humanas. Si coexistir ya es difícil, imagínate convivir. Bebo, beba, encontrar el amor no es fácil para nadie, ni es igual para todo el mundo. Hasta Bad Bunny ha llorado por las noches a causa de un amor no correspondido y esto te lo digo yo, que me sé *Amorfoda* de memoria. Como las posibilidades son infinitas y no me toca a mí decidir sobre tu futuro amoroso, escribí este manual con la información directa que me dieron los astros. Si estás en búsqueda de esa persona especial, toma papel y lápiz que hay taller. Si funciona o no, tiene que ver con tu desempeño, estándares realistas o quizás un fallo en el sistema.

CÓMO MONTAR UN BUEN PERFIL EN UNA DATING APP

Muchas personas sueñan con tener un gran romance mediante el método tradicional: estás con prisa en el café, se te cae el bolígrafo y alguien lo recoge mirándote a los ojos. *Boom*, amor eterno. Lamentablemente, esto no pasa muy a menudo y no todo el mundo tiene el tiempo y la paciencia que se requieren para dejarle este asunto al destino. Por suerte, varios expertos desarrollaron una serie de aplicaciones en el celular para agilizar este proceso y mejor aún, ayudarte a definir lo que quieres de una.

SOLO ES CUESTIÓN DE LANZARTE Y ARMAR UN PERFIL CON ESTOS DOS PUNTOS CLAVES:

① SELECCIÓN DE FOTOS:

✳ Buena calidad.

✳ Limítate a una foto en grupo y una con gafas.

✳ Sube fotos que muestren tu personalidad.

✳ Evita fuertemente el impulso de subir fotos con filtros que distorsionan tu cara.

✳ Cuida que las fotos sean fieles a la realidad. Mírate en el espejo. Si no te ves como en la foto, reconsidera.

② ESCRIBE UNA BUENA BIO:

✳ Llama a un pana y dile que te describa en tres palabras para que tengas una noción de cómo te percibe la gente.

✳ No escribas una monografía, menos es más.

✳ Muestra tus mejores atributos y características, ponte creativo.

✳ Prohibido el drama en tu bio, no caves tu propio hoyo.

✳ Escribe tu signo zodiacal; esto ayuda, confía.

✳ Si no quieres perder tiempo y quieres aclarar algo específico que estés buscando, este es el momento.

TU BIO DE TINDER SEGÚN TU SIGNO

Si todavía tienes dudas de qué escribir en tu bio, acá te dejo mis recomendaciones según tu signo.

Aries: Si te gusto dímelo y ya. No hay tiempo que perder.

Tauro: Cocino bien, pero como mejor. Soy *foodie*.

Géminis: Tengo dos personalidades y le gustas a las dos.

Cáncer: Busco algo serio; no quiero cuentos. Múdate conmigo.

Leo: La selva es mía. Siempre líder, nunca seguidor.

Virgo: Saludos. Tengo la casa limpia y no tolero las faltas de ortografía.

Libra: Acabo de salir de una relación y estoy *ready* para la próxima.

Escorpio: Si tienes *issues*, yo te salvo.

Sagitario: Vi dos documentales la semana pasada. Escríbeme y te los cuento.

Capricornio: No tengo tiempo; tengo mucho trabajo. Envíame tu CV.

Acuario: No estoy buscando nada, pero lo quiero todo.

Piscis: Por favor, no me rompas el corazón. Te hice una *playlist*.

ES UN MATCH

Manuales de supervivencia para el caos de todos los días

INSTRUCCIONES PARA SEDUCIR A CUALQUIER SIGNO

Bueno, mi cielo, llegó el momento de sacar todos tus poderes a pasear. Este manual es tu arma secreta de seducción y tiene grandes secretos astrales. Es bien poderoso, úsalo con prudencia. Busca el signo de la persona que quieras seducir y ve a lo tuyo. **Importante: Tienes que poner de tu parte y creer en ti o no funciona.**

♈ ARIES

✳ Aries se aburre a las millas. Invítale a un roadtrip, a una actividad exótica o enséñale un lugar secreto. Tienes que sorprender.

✳ La gente de este signo es bien intensa y fogosa. Estira bien y bebe agua.

✳ Le encanta discutir y ganar. Nunca le hagas quedar mal en público porque te va a dejar de hablar.

Signos más compatibles: Sagitario, Leo, Géminis, Virgo.

♉ TAURO

✳ Odia los papelones y que les ajoren, así que cálmate.

✳ Escúchale cuando se esté quejando y dale un masaje de apoyo.

✳ Regálale algo que signifique que le prestas atención. Ten siempre buen vino o lo que sea que le guste.

Signos más compatibles: Capricornio, Cáncer, Virgo, Escorpio.

Manuales de supervivencia para el caos de todos los días

♊ GÉMINIS

✳ Hazte pana de sus dos personalidades.

✳ Déjale que janguee y socialice libremente.

✳ Háblale de cosas raras que sepas y enséñale música o lugares nuevos.

Signos más compatibles: Leo, Acuario, Aries, Libra.

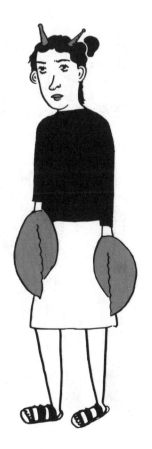

♋ CÁNCER

✳ Si está durmiendo, no le levantes.

✳ Recuerda que Cáncer es bien sensible. Háblale claro y con cariño.

✳ Ten la casa y el cuarto al día. Cocínale y ten sábanas suaves.

Signos compatibles: Tauro, Virgo, Escorpio, Piscis.

♌ LEO

✳ Dale like a sus fotos de Instagram y reacciona con fueguito a sus stories.

✳ Alimenta su ego y su jayaera. Tengan dates donde se tengan que arreglar para salir.

✳ Invítale los tragos y si consigues una corona o una alfombra roja, llévala.

Signos más compatibles: Aries, Géminis, Libra, Sagitario.

♍ VIRGO

✳ Tiene que sentirse seguro antes de abrirse con alguien. Sé su pana primero.

✳ Si te invita a la casa, no hagas revoluces ni ensucies mucho. Ayuda a limpiar.

✳ Dile siempre que puedas: «Tienes razón» y fluye con sus recomendaciones.

Signos compatibles: Tauro, Cáncer, Escorpio, Capricornio.

♎ LIBRA

✳ Si quieres seducir a un libra, ve elegante hasta para el supermercado.

✳ Son románticos y se van en el viaje rápido. Ten velitas en el cuarto y busca lugares donde se vea bien el atardecer.

✳ Mírales a los ojos cuando te cuenten una historia y diles que son bellos/bellas.

Signos más compatibles: Géminis, Leo, Sagitario, Acuario.

♏ ESCORPIO

✳ La criptonita de escorpio es la gente inaccesible. Regula tu accesibilidad.

✳ Hazle sentir que es lo más sensual de este mundo y no le escribas en tres días (un siglo en tiempo escorpio). Luego reaparece invitándolo a salir.

✳ Le gusta que le lean la mente. Inténtalo. Suena imposible, pero voy a ti.

Signos más compatibles: Cáncer, Piscis, Tauro, Capricornio.

SAGITARIO

✳ Comunícate a través de memes.

✳ Pregúntale sobre cosas que sabe para que se luzca dando clases.

✳ Proponle ver una película basada en hechos reales y discútanla después.

Signos más compatibles: Aries, Leo, Libra, Acuario.

CAPRICORNIO

✳ Busca su power couple. Ten tus logros a la mano y si puedes monta una empresa antes del date.

✳ Ríete de todos sus chistes y déjalo brillar.

✳ Respeta su privacidad y dale espacio cuando tiene estrés del trabajo. Ni se te ocurra llamar y/o textear más de una vez.

Signos más compatibles: Tauro, Virgo, Escorpio.

Manuales de supervivencia para el caos de todos los días

~~~ ACUARIO

✳ Le encantan los retos mentales y la gente woke. Deconstrúyete antes del primer date.

✳ No le abacores con cosas demasiado sentimentales. Le atrae la gente segura e independiente.

✳ Cuéntale tus teorías de conspiración.

Signos más compatibles: Géminis, Libra, Sagitario.

♓ PISCIS

✳ Deja que ponga música y dile que tiene buen gusto.

✳ Pregúntale que soñó y traten de analizar el sueño juntos.

✳ Tengan conversaciones bien existenciales y rétale mentalmente.

Signos más compatibles: Cáncer, Escorpio, Capricornio.

GENERADOR AUTOMÁTICO DE FRASES SEDUCTORAS

Usa esta guía para enviar el mensaje que no te atreves a escribirle a tu crush. No tengo pruebas de que esto funciona, pero tampoco dudas. Las instrucciones son las siguientes:

(1) Elige lo que te corresponda de cada categoría.

(2) Arma tu frase seductora.

(3) Textea sin miedo.

(4) Si no funciona, cariño, siempre me puedes echar la culpa a mí.

TU MES DE NACIMIENTO

Enero: Bebé...

Febrero: Hola.

Marzo: Saludos...

Abril: Wow.

Mayo: Tengo algo que decirte...

Junio: Buen día...

Julio: Mi cielo.

Agosto: Flor de pétalos dorados.

Septiembre: Baby.

Octubre: Chulería en pote.

Noviembre: Animal sin jaula de mi corazón.

Diciembre: Bomboncito de miel.

ÚLTIMO NÚMERO DE TU 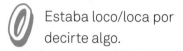 AÑO DE NACIMIENTO

0 Estaba loco/loca por decirte algo.

1 Necesito comentarte algo muy fuerte.

2 Te voy a decir esto una vez y no lo voy a repetir.

3 Al fin saco la fuerza para decirte esto.

4 Gracias por tomarte el tiempo de leer esto.

5 Te quiero confesar algo...

6 El tiempo pasa y yo aguantando esto.

7 No hay palabras para lo que tengo que decir.

8 Mi corazón se abre ante ti para decirte que...

9 Nunca es tarde para confesar que...

TU **SIGNO** ZODIACAL

Aries: Me sube la presión cuando te veo.

Tauro: No hay belleza que se compare con tu carita.

Géminis: Quiero que me vires como media.

Cáncer: Quisiera ser Tarzán para perderme en tu selva.

Leo: Dame la mano, paloma, que quiero subir a tu nido.

Virgo: Se te cayó un papel... el que te envuelve, bombón.

Libra: No hay cosa más bella que tú.

Escorpio: En el hipódromo de mi corazón, eres la potra que más relincha.

Sagitario: Quiero que me invites a salir.

Capricornio: No voy a perder tiempo.

Acuario: Nadie me manda, pero a ti te hago caso.

Piscis: Te amo sin conocerte.

SIGNO DE TU **CRUSH**

Aries: Me avisas.

Tauro: Tú me dices.

Géminis: Te lo digo y no me arrepiento.

Cáncer: Aquí te dejo la llave.

Leo: La bola está en tu cancha.

Virgo: No me digas que no, si, sí.

Libra: Es un chiste, pero también es verdad.

Escorpio: Sabes que no hay nadie como yo.

Sagitario: Bye.

Capricornio: Espero tu llamada.

Acuario: Haz lo que te dé la gana.

Piscis: No me hagas sufrir más.

POR EJEMPLO:

LOS SIGNOS Y CÓMO MANEJAN UN CORAZÓN ROTO

Aries: Rompe tres cosas mientras swipea en Tinder.

Tauro: Está una semana pidiendo *delivery* en el sofá.

Géminis: Observa, estudia y analiza cada paso y movimiento de su ex.

Cáncer: Hornea un bizcocho y se lo come con la mano mientras llora.

Leo: Abre todas las *dating apps* y le dice que sí a todo.

Virgo: Recoge la casa y echa desinfectante por todos lados.

Libra: Se busca otra pareja el mismo día.

Escorpio: Látigo del desprecio. Sufre en silencio.

Sagitario: Se va de *roadtrip* y desaparece un mes.

Capricornio: Habla con su terapeuta y supera el asunto en dos días.

Acuario: Nunca se enteró de que tenía pareja.

Piscis: Sigue actuando como si no lo hubieran dejado.

RITUAL PARA LIMPIAR LA ENERGÍA QUE DEJÓ TU EX

Lamentablemente todas las relaciones en algún momento acaban y no todas acaban bien. Con este ritual libera tu hogar de las energías viejas y los souvenirs del pasado.

PASO 1: Quita todas las fotos o cosas que te recuerden a tu ex.

PASO 2: Guárdalas en una caja y di en voz alta: «Adiós», «Nos vemos», «Se acabó» o escoge tu palabra favorita de despedida.

PASO 3: Saca la caja de tu casa y organiza una venta de garaje.

PASO 4: Prende un palo santo o alguna hierba aromática y despoja el área donde estaba la caja bailando durante tres minutos.

¡Felicidades, bebé! Tu casa está limpia y exterminada de espectros del pasado.

PLAYLIST DEL DESPECHO

Y cuando la cosa no sale como esperabas, siempre puedes recurrir a esta *playlist* con grandes clásicos para sanar, llorar, meter más el dedo en la herida y darte cuenta que no estás solo o sola. Escogí un himno de lágrimas personalizado para cada signo.

▶ Aries: *De mí enamórate*, **de Daniela Romo**

▶ Tauro: *El triste*, **de José José**

▶ Géminis: *Fuego de noche, nieve de día*, **de Ricky Martin**

▶ Cáncer: *Dame veneno*, **de Los Chunguitos**

▶ Leo: *Algo de mí*, **de Camilo Sesto**

▶ Virgo: *Yo no nací para amar*, **de Juan Gabriel**

▶ Libra: *Son cosas del amor*, **de Ana Gabriel y Vikki Carr**

▶ Escorpio: *Hacer el amor con otro*, **de Alejandra Guzmán**

▶ Sagitario: *Amor libre*, **de Camilo Sesto**

▶ Capricornio: *Él me mintió*, **de Amanda Miguel**

▶ Acuario: *Solo de mí*, **de Bad Bunny**

▶ Piscis: *Vivir así es morir de amor*, **de Camilo Sesto**

4

MANUAL DEL JANGUEO
y las fiestas

Yo sé que la vida no es un paseo en el parque y por eso hay que salir a celebrar de vez en cuando que por lo menos estamos tratando de pasarla bien. Después de leer este manual, te gradúas oficialmente, Sandunga Cum Laude, de este curso astral y cubres todas las bases de socialización, convivencia y amor.

LOS SIGNOS CUANDO BEBEN DE MÁS

Aries: Mientras se tambalean te dicen: «Estoy superbien».

Tauro: Se quedan dormidos en la barra.

Géminis: Salen del bar con siete panas nuevos y le tiran labia a todo el mundo.

Cáncer: Lloran después del primer *shot*.

Leo: Suben veintisiete selfis a sus *stories*.

Virgo: Empiezan a recoger cervezas y vasos en la fiesta.

Libra: Empiezan con cerveza y terminan bebiendo Jägermeister a lo loco.

Escorpio: Se ponen bien participativos en las redes sociales.

Sagitario: Siempre están preguntando dónde es el *after party*.

Capricornio: Identifican todos los problemas que tiene el sitio.

Acuario: Dan un *speech* sobre todo lo que está mal.

Piscis: Se la pasan en el baño texteando a su ex.

Manuales de supervivencia para el caos de todos los días

¿CÓMO INVITAR A LA GENTE A TU FIESTA?

No preguntes: «¿Quieres venir a mi fiesta?». Le estás dando la luz verde para que te digan que no van o para que te den una excusa falsa de planes fantasmas. Mejor pregunta: «¿Qué vas a hacer el sábado?».

La intriga que da esta pregunta asegura que te contesten un «no sé» para ver qué propones. De un «no sé» es difícil salir. Los pillaste, ganaste. Tu fiesta será un éxito.

¿QUÉ TIPO DE DJ ERES?

Tener la responsabilidad musical de ser DJ en un jangueo con tus panas, no es cualquier cosa. Una mala selección musical puede destruir amistades, romper relaciones y ocasionar diferencias familiares. Descubre qué tipo de DJ eres antes de escoger otra canción.

(PAUSA)

DJ PAUSA

Tardas demasiado en escoger tus canciones. No tienes miedo en dejar un bache y un silencio incómodo en la fiesta.

DJ REPEAT

Escoges la misma canción siempre que te toca poner música. Es como si en tu mente tuvieras una playlist limitada de tres canciones que son las únicas que escuchas.

DJ BAJANOTA

Eres tan darks que todo lo que pones baja la energía de la fiesta. A veces la gente se va en la mala y se tiene que ir.

DJ HEADPHONES

Siempre que pones algo hay alguien que pregunta: «¿Quién puso esa mierda?». Quizás hay canciones que debas escuchar solo con tus audífonos.

DJ DICTADURA

Cuando tomas las riendas musicales es insoportable. Obligas a todo el mundo a escuchar la canción y eres capaz de interrumpir una conversación para que presten atención.

EVITA SER ESTA PERSONA:

Manuales de supervivencia para el caos de todos los días

Y SI ALGÚN DÍA TE ENCUENTRAS EN UNA GALERÍA DE ARTE...

Manuales de supervivencia para el caos de todos los días

Parte 3

✦ ✦ PREMIOS MADAME MELA ✦ ✦

PERO ANTES UNA

QUINIELA.

Hoy todos los signos son
ganadores. Te toca adivinar
cuál es el título que se lleva
cada uno. Haz tus apuestas y
marca con una x tus votaciones
a ver si aciertas o, dicho en buen
puertorriqueño, «si la pegas».
Llegó el momento de la verdad.
Métele y que la suerte te
acompañe.

♈ ARIES NOMINACIONES:

Signo que pelea
hasta solo

Signo que va
sin frenos

Signo que le
tira labia a medio
mundo

♉ TAURO NOMINACIONES:

Signo que siempre
tiene la razón

Reyes y reinas
de la siesta

Signo que siempre
tiene la casa limpia

♊ GÉMINIS NOMINACIONES:

Signo más
propenso a regar
chismes

Signo que no
tiene dudas

Signo que siempre
tiene la pata alzá

♋ CÁNCER NOMINACIONES:

Signo más llorón

Signo que le textea a sus ex cuando bebe de más

Mejor actuación dramática

♌ LEO NOMINACIONES:

Signo que más se mira en el espejo

Mejor performance artístico

Signo que le tira labia a medio mundo

♍ VIRGO NOMINACIONES:

Signo que siempre tiene la casa limpia

Signo que pelea hasta solo

Signo más propenso a sobrevivir al fin del mundo

♎ LIBRA NOMINACIONES:

Signo que siempre está con pareja

Signo que nunca sabe qué quiere comer

Signo que siempre tiene la pata alzá

♏ ESCORPIO NOMINACIONES:

Signo más darks

Signo más incomprendido del zodiaco

Mejor guion y dirección de películas mentales

♐ SAGITARIO NOMINACIONES:

Signo más impredecible

Signo que organiza la fiesta y no va

Signo más graciosito del zodiaco

♑ CAPRICORNIO NOMINACIONES:

Signo que siempre
está dando órdenes

Signo con mejor
manejo de finanzas

Signo que está
matando la liga

♒ ACUARIO NOMINACIONES:

Signo más woke

Signo que más
rápido se aburre

Signo con
problemas de
compromiso

♓ PISCIS NOMINACIONES:

Signo más
incomprendido

Signo que vive
en el pasado

Signo que parece
estar siempre en un
viaje psicodélico

Bueno, mi amor, llegó el gran día. Mucha gente pensó que estos premios se iban a cancelar por las condiciones atmosféricas, pero aquí estamos en vivo y en directo con los primeros

PREMIOS MADAME MELA

Estos son los premios más importantes, de mayor prestigio y credibilidad, y los únicos aprobados por la Academia Astrológica Universal de Estudios Astrales. Gracias a los astros por unirse en este magno evento. Sin ustedes no estaríamos aquí.

Espero que todos los signos tengan escritos sus discursos, porque hoy los vamos a celebrar. Si prestaron atención, vieron las nominaciones al final de cada signo, hicieron sus predicciones y ahora viene el momento de la verdad.

La competencia estuvo bien cerrada. Los astros estuvieron años debatiendo estos premios y hubo muchas discusiones fuertes entre el jurado. Mercurio montó una perreta y se fue retrógrado más de lo debido. Marte no se quería ni mover de signo, pero también este proceso unió a Júpiter y a Saturno después de tanto tiempo y por fin se tomó una decisión final.

HOY ES PARA CELEBRAR TODO LO QUE HEMOS LOGRADO, NUESTRAS VIRTUDES, DEFECTOS Y TODO LO QUE NOS HACE BRILLAR. ASÍ QUE, SIN MÁS PREÁMBULOS, TE PRESENTO LOS PREMIOS MADAME MELA.

♈ ARIES

Signo que va
sin frenos

♉ TAURO

Reyes y reinas
de la siesta

♊ GÉMINIS

Signo más
propenso a
regar chismes

♋ CÁNCER

Mejor
actuación
dramática

♌ LEO

Mejor
performance
artístico

♍ VIRGO

Signo más propenso a sobrevivir al fin del mundo

♎ LIBRA

Signo que nunca sabe qué quiere comer

♏ ESCORPIO

Mejor guion
y dirección de
películas mentales

SAGITARIO

Signo que
organiza la
fiesta y no va

♑ CAPRICORNIO

Signo que
está matando
la liga

ACUARIO

Signo que
más rápido
se aburre

♓ PISCIS

Signo más
incomprendido

Felicidades a todos los participantes y a ti, Bombón, por sintonizar los primeros Premios Madame Mela. Me imagino que tenías el nerviosismo por las nubes, pero ya puedes dormir en paz. ¿Acertaste? ¿Estás de acuerdo con el premio de tu signo? Realmente, ya mandamos grabar los trofeos y no se pueden hacer cambios, pero siempre hay espacio para nominaciones directas el año que viene. Mientras, te envío un abrazo y mucho amor.

CONCLUSIÓN

Bueno, Belleza, llegamos al final de esta jornada introspectiva. Te di todo lo que tengo para ofrecerte: mi conocimiento astral, mis secretos, musiquita para que te desahogues y sobre todo mi amor. Pero esto no se trata de mí, se trata de ti. El gran chiste de esto es que, en realidad, todo lo que encontraste en este libro tú lo sabías ya, porque el verdadero secreto para sobrevivir cualquier cosa y quedarte con el canto es darlo todo, no importa lo que estés haciendo ni lo que te digan los demás.

Como te quiero tanto y deseo que le metas cabrón, aquí te dejo una ñapa o bono para que lo recortes y lo pongas en la nevera, en tu wallet o donde tú quieras.

QUINCE MANTRAS DE MADAME MELA

Repite estos mantras sin miedo, tenlos como guía. Quédate con los que mejor te sirvan y añade los que te hagan falta.

1. **Si no quieres ir, no vayas.**

2. **No importa lo que hagas, la gente siempre va a hablar mierda, así que haz lo que te dé la gana y te haga feliz.**

3. **Quien no ve tu magia, no se merece tus trucos.**

4. **Ríete en voz alta de tus propios chistes.**

5. **Dale *unfollow* a quien te quite la paz y salte de los *group chats* sin miedo.**

6. **El que busca, encuentra. No le chequees a nadie el celular.**

7. **Levántate en la primera alarma.**

8. **Te mereces una siestita al día.**

9. **No digas que no, si es sí.**

10. **No digas que sí, si es no.**

11. **Nunca, bajo ningún pretexto, te minimices.**

12. **Si les molesta tu brillo, que se pongan gafas.**

13. **Busca ayuda cuando la necesites.**

14. **No te apagues por no opacar a los demás.**

15. **No eres una máquina de producción ni de contenido.**

En fin, no le tengas miedo a tu potencial. Brilla aunque opaques a medio mundo. Allá ellos si no se han leído los manuales.

Te quiere mucho,

MADAME MELA ♥

GLOSARIO BORICUA

Mi Cielo, lo prometido es deuda. Si mientras leías viste alguna palabra que no entendiste o si tienes ganas de escuchar reggaetón y entender bien lo que dicen, aquí puedes encontrar el significado de nuestro amplio vocabulario boricua.

REAL
ACADEMIA
BORICUA

APRENDE A
DECIR «PUÑETA»
SIN BARRERAS

ajorar

1. Poner presión innecesaria para que se complete un trabajo.
P. ej. *Ya te dije que te voy a enviar el diseño hoy, no me ajores más.*

2. Apresurar a alguien demasiado.

algarete

1. Hacer las cosas sin pensar.
P. ej. *Me vestí algarete hoy.*

2. No tener la situación bajo control. P. ej. *Contesté el examen algarete y me colgué.*

3. Ausencia de cordura y sentido común.

4. Actuar erráticamente.

A las millas

1. Hacer algo demasiado rápido.
P. ej. *No entendí lo que dijiste, estás hablando a las millas.*

2. Reaccionar con exceso de rapidez. P. ej. *Vino y ni me saludó, se fue a las millas.*

Sinónimo: esmandao' / esmandá.

amotetarse

1. Estado de comodidad extrema que provoca inercia y parálisis.

2. Derretimiento del cuerpo, estar sin ganas ni energía de hacer nada. P. ej. *No voy a ir a la fiesta, estoy amotetao' aquí en el sofá desde la tarde.*

acicalao' / acicalá

1. Vestirse bien, prepararse arduamente para salir.
P. ej. *Ya me acicalé, búscame y vamos a salir.*

2. Estar arreglado o arreglada. P. ej. *Hoy salgo a la calle bien acicalá.*

ACICALÁ

bellaquear / bellaqueo / bellaquera

1. Tener actividad sexual fogosa con alguien. P. ej. *¿Cómo te fue en tu date? ¿Bellaquearon?*

2. Calor interno que se activa con alguien en particular o en ausencia de placer carnal; es decir, alta libido sexual. P. ej. *Hace seis meses que no chingo, tengo la bellaquera encendía.*

Variación: Bellacrisis.

bregar

1. Tener que atender algún asunto. P. ej. *Estuve bregando hoy con lo del carro.*

2. Súplica de ayuda, pedir que tengan compasión contigo. P. ej. *Acho, brega, no seas cabrón, préstame veinte pesos.*

3. Ser buena gente y ayudar a alguien. P. ej. *Ella bregó cabrón conmigo y me prestó la cámara de video.*

4. Imposibilidad de manejar algún asunto; reacción a una información muy fuerte que deja en shock. P. ej. *¿Viste el final de la serie? ¡No puedo bregar!*

bichería / bicha / bicho

1. Actitud hostil. P. ej. *Nena, ayer me saliste con una bichería que casi no te vuelvo a hablar.*

2. Energía de la gente que se cree superior a los demás. P. ej. *Fui a la fiesta, pero lo que había allí era una bichería que no pude bregar.*

Variaciones:

a. Bicha / bicho. Persona que siempre actúa con bichería.

b. Bicho. Se emplea como sinónimo de pene y como insulto variado y sin sentido (véase: welebish / huelebicho).

badtrip

1. Algo que salió mal. P. ej. *No me dieron el trabajo, que* fuckin' *badtrip.*

2. Estado anímico parecido a coraje o tristeza. P. ej. *Nos dejamos y estoy bien badtripea'.*

3. Problema fuerte.

BADTRIP

caballota / caballote

1. Persona que muestra dureza en lo que hace. En palabras de Ivy Queen: «Quítate tú que llegó la caballota, la perra, la diva, la potra».

2. Frase de admiración a los talentos de una persona. P. ej. *Ella es tremenda caballa en la música.*

Variación: caballa / caballo / caballita / caballito.

cabrón / cabrona

1. Algo bien difícil, problemático. P. ej. *Ese examen estuvo cabrón.*

2. Algo muy bueno, digno de admiración. P. ej. *¡Te salió cabrón!*

3. Saludo cordial. P. ej. *¡Dímelo, cabrón!*

4. Insulto. P. ej. *Ese tipo es tremendo cabrón, no lo soporto.*

5. Halago. P. ej. *El mofongo en este restaurante sabe cabrón.*

6. Enfatizar abundancia de algo. P. ej. *¡Qué calor más cabrón, puñeta!*

changuito, ta / changuerías

1. Persona con poca resistencia que siente todo con más intensidad de lo normal. P. ej. *Ay, es tan changuito, se molestó conmigo porque me comí lo que dejó en la nevera.*

2. Alguien que necesita demasiada atención y afecto. P. ej. *Acurrúcame que estoy changuita.*

corillo

1. El combo que no se deja. P. ej. *Mi corillo está muy cabrón.*

2. Grupo de amistades. P. ej. *Nadie se puede meter con mi corillo.*

Variación: corilla, combo.

chapucería

1. Algo hecho con el mínimo entusiasmo; un trabajo mediocre. P. ej. *Me entregó el trabajo súper chapuceao, se nota que lo hizo cinco minutos antes.*

2. Hacer algo para salir del paso. P. ej. *Me arreglaron el carro y se me volvió a dañar, hicieron tremenda chapucería.*

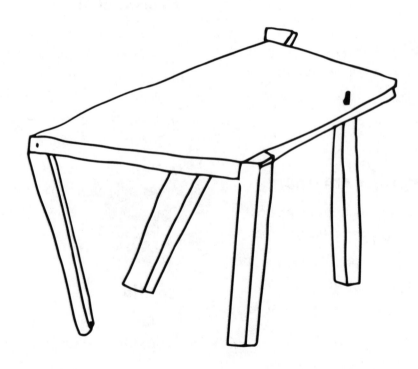

E, F, I

enchularse / enchule

1. Fuerte atracción hacia una persona. P. ej. *Este jevo me tiene con un enchule...*

2. Estado inicial del enamoramiento. P. ej. *Estoy bien enchulá, me encanta.*

estalkear

1. Investigar a alguien. Hacer de detective sin serlo. P. ej. *Le di like sin querer a una foto vieja en su Instagram; eso me pasa por andar estalkeando.*

2. Monitorear compulsivamente las redes sociales de alguien. P. ej. *Estalkeé el Facebook de su ex y parece que van a volver.*

fantasmeo

1. Actuar de forma sospechosa tramando o escondiendo algo. P. ej. *Deja el fantasmeo, ¿quién se comió el arroz chino que estaba en la nevera?*

2. Decir embustes y mentiras fuertes.

3. Hablar sin tapujos. P. ej. *Yo le dije que me gustaba, sin fantasmeo.*

Irse en la mala

1. Tener un mal momento. P. ej. *No quiero ir, estoy en la mala.*

2. Imaginarse escenarios catastróficos. P. ej. *Me escribió «tenemos que hablar» y me fui en la mala.*

3. Palidear o tener un mal viaje con alguna droga. P. ej. *Me fumé un blon entero y estoy en la mala.*

Sinónimo: badtrip.

enchismarse

1. Molestarse o indignarse temporalmente con alguien.

P. ej. *Se enchismó conmigo porque lo vi y no lo saludé.*

2. Molestia que puede interpretarse como infantil.

P. ej. *Está enchismá porque no fui a su fiesta.*

Al partir un beso y una flor un te quiero, una caricia y un adiós

janguear / jangueo

1. Salir a la calle a beber.
P. ej. *¿Pa' dónde es que vamos hoy? ¿Dónde es el jangueo?*

2. Visitar un lugar concurrido para recibir el misterio de la noche.
P. ej. *Hoy estoy con la pata alzá, quiero janguear.*

3. Cualquier sitio donde vayas a pasarla cabrón.

jayaera

1. Lucimiento extremo por sentirse perra y satisfecha/o en ese momento con uno mismo.

2. Sentir extremo amor propio.
P. ej. *Me acabo de cortar el pelo y me quedó bello, estoy jayaísima.*

Referencia: canción de Macha Colón y los Okapi, *Estoy Jayá.*

jevi

1. Anglicismo derivado de *heavy.* Algo o alguien muy intenso.
P. ej. *Ella es bien jevi, no para de hablar.*

2. Situación fuerte o difícil.
P. ej. *El examen estuvo muy jevi.*

kikiando

1. Hacer la suya.

2. Cuando uno está escuchando música y se deja llevar.
P. ej. *Ayer estaba en el estudio kikiando y haciendo música.*

3. Pasarla cabrón. P. ej. *Me quedé en casa kikiando con el corillo.*

matando la liga

1. No tener competencia. Estar muy por encima de los demás. P. ej. *Bad Bunny está matando la liga.*

2. Éxito rotundo de una persona o un equipo. P. ej. *Pasé todos los exámenes, estoy matando.*

Variaciones: Matar / Quedarse con el canto.

montarla / montársela

1. Hacer un montón de chistes y ser el rey o reina de la fiesta. P. ej. *¡Diablo cabrón, la estás montando!*

2. Burlarse o tratar de humillar a alguien. P. ej. *Te la están tratando de montar, no te dejes.*

3. Darle energía a la gente en una fiesta o reunión. P. ej. *Ese DJ la está montando.*

mongo

1. Flojo. P. ej. *¡Qué chiste tan mongo!*

2. Flácido. P. ej. *Tenía el bicho mongo (tenía el pene flácido).*

3. Caer en una mentira o engaño. P. ej. *Se lo metieron mongo. / Me lo trató de meter mongo.*

pata alzá

1. Ganas insaciables de janguear o salir. P. ej. *Hace tiempo no salgo, tengo la pata alzá.*

2. Entusiasmo o disponibilidad para asistir a una fiesta. P. ej. *Hoy está con la pata alzá.*

Variación: No parar la pata.

patabajo

1. Ir hasta el final, sin freno. P. ej. *Hoy es mi cumple, me voy patabajo.*

2. Janguear o salir de una fiesta hasta que salga el sol o vivirla con gran intensidad. P. ej. *Hoy no voy a salir, ayer me fui patabajo.*

papelonear / papelón

1. Hacer el ridículo. P. ej. *Ayer te diste tres shots y déjame decirte que hiciste tremendo papelón.*

2. Hacer un show por una situación que no lo amerita. P. ej. *Siempre que salimos hace un papelón.*

3. Hacer algo de lo que te arrepientes.

4. Situación vergonzosa. P. ej. *Me botaron del bar, qué papelón.*

Variación: papelonera, papelonero, papelazo.

puñeta

1. Reacción ante una situación buena, mala o que provoca coraje o desesperación. P. ej. *¡Me gané la lotería, puñeta! ¡Déjenme pasar, puñetas!*

2. No hacer nada. P. ej. *Te mandé a limpiar y no hiciste una puñeta.*

3. Expresión de dolor. P. ej. *¡Puñeta! Me acabo de dar en el dedo chiquito del pie.*

4. Lugar lejano. P. ej. *Ese sitio queda en la puñeta.*

5. Hacerse una paja.

panas / panitas

1. Grupo de amigos.

2. Gente con la que se sale a janguear. P. ej. *No estamos saliendo, somos panas.*

pompiarse / pompiaera

1. Emoción intensa por algo. P. ej. *Me van a publicar un libro, ¡qué pompiaera!*

2. Estado anímico de gran energía.

perretas / pataletear

1. Reaccionar con niñerías cuando algo te da coraje. P. ej. *Me hizo una perreta porque no quise acompañarla al cine.*

2. Hacer un show ante una situación que no lo amerita o por no lograr un propósito. P. ej. *Guillo hizo una pataleta en el restaurante porque no tenían flan.*

Sinónimos: rabieta, berrinche.

piquete / perrería

1. Tener exceso de *flow*. P. ej. *Entró con un piquete bien cabrón.*

2. Ir por la vida pisando fuerte y con seguridad.

3. Proyectarte como la persona importante que eres.

4. Actitud arrogante. P. ej. *Diablo, mami, qué perrería, ese traje te queda bello.*

Variaciones: piquetú, ser perra.

Sinónimos: guille, *flow*.

paveras

1. Risa descontrolada. P. ej. *¡El meme que me enviaste me dio una pavera!*

2. Reírte hasta que te duelan los abdominales. P. ej. *Agustina tenía una pavera que no podía ni hablar.*

pichaera / pichar / pitcher

1. Ignorar a alguien. P. ej. *Me viste y no me saludaste, jodio' pitcher.*

2. Hacerse el loco o la loca. P. ej. *No voy a ir a la fiesta, estoy en la pichaera.*

quedarse con el canto

1. Sobrepasar a los demás en éxito o buena suerte. P. ej. *Tata actuó en esa película y se quedó con el canto.*

2. Gozar de liderazgo.

3. Ganar terreno; reconocimiento. P. ej. *Nena, si te pones para lo tuyo, te quedas con el canto.*

Variación: pasar el rolo; matar la liga.

randoms

1. Gente desconocida. P. ej. *Llegó gente bien random a la fiesta anoche.*

2. Situación inusual. P. ej. *Me encontré a tu hermano en un tren en Francia. Qué random.*

satería / satear

1. Salir a la calle en plan de seducir y cautivar a quien se cruza en tu camino. P. ej. *Hoy estoy bien puesta pal sateo.*

2. Estar suelta o suelto.

Sinónimo: escoriar, de casería, rampletiar.

revolú

1. Caos, gran desorden. P. ej. *Tienes un revolú en ese carro.*

2. Problema o complicación. P. ej. *Estoy en medio de un revolú con los abogados.*

T, W

te dejaron plantá

1. Incumplir una cita pactada. P. ej. *Marcos me acaba de escribir diciéndome que no viene. Me dejó bien plantá.*

2. Abandonar a alguien repentinamente. P. ej. *Nena anoche me dejaste bien plantá. Fui a pedir algo a la barra y cuando viré te habías ido.*

3. Sentimiento de alta traición.

Sinónimo: Vestida y alborotada. Te dejaron arrollá.

welebish / huelebicho / welebicho

1. Insulto que literalmente significa «oler un pene». P. ej. *Ese tipo es un welebicho.*

2. Alguien que te traiciona, que te trata de coger de pendejo o que simplemente es bien hostil contigo. P. ej. *Me enteré de que estás hablando mal de mí, huelebicho.*

Variantes: mamabicho, pescabicho, soplabicho.

« GRACIAS, DECLARO GRACIAS, PUÑETA GRACIAS »

— TEGO CALDERÓN

A TODO EL CORILLO QUE HA ESTADO EN ESTE PROCESO Y QUE ME HA DADO SU AMISTAD Y APOYO. LES AMO Y AGRADEZCO INFINITAMENTE.

UN FUERTE APLAUSO PARA TATA, MARTIN, ILANG, EDDER Y OLGA

UN SALUDO ESPECIAL PARA ANDREA, AMALIA, TAMARA Y KARINA

UN ABRAZO A FURIA, GUILLO Y DANNY

Y UN AGRADECIMIENTO ETERNO A QUIENES DAN LIKE Y NO TIRAN LA MALA.

Y A TI...

GRACIAS

mela

MADAME MELA ♥